Happy chinese

최고를 향해 **한 발 한 발** 나아가는 **절대 커리큘럼**

중국어 교실 上

Happy Chinese
중국어 교실 초급 上

지은이 한민이
펴낸이 임상진
펴낸곳 (주)넥서스

초판 1쇄 발행 2007년 6월 5일
초판 30쇄 발행 2019년 10월 16일

출판신고 1992년 4월 3일 제311-2002-2호
주소 10880 경기도 파주시 지목로 5
전화 (02)330-5500 팩스 (02)330-5555
ISBN 978-89-5795-136-1 94720
        978-89-5795-139-2 (세트)

www.nexusbook.com

Happy chinese

你好!

최고를 향해 한 발 한 발 나아가는 절대 커리큘럼

중국어 교실 上

한민이 지음

넥서스CHINESE

중국어 학습의 가장 정확하고 빠른 '지름길' 이 여기 있습니다!

중국어와 친구 되기를 희망하는 여러분을 진심으로 환영합니다.
중국어 첫 수업, 마치 첫 데이트를 하던 때와 비슷한 가슴 벅참과 설렘이 느껴지던 순간이었습니다.

이제부터 배워 갈 중국어는 순간순간 여러분에게 주는 희열도 만만치 않겠지만, 때론 여러분을 속상하게 할지도 모릅니다. 저도 예전엔 맘 고생 많이 했거든요. 그래서 "에라 모르겠다!" 하고 포기하려고도 했습니다. 그·러·나 그동안 공부했던 시간과 학원비로 날린 돈이 아까워 오기로 버티다 보니 어느새 중국어가 없으면 숨을 쉬어도 살아 있는 것이 아니요, 밥을 먹어도 배가 부르지 않는 중국어 중독자가 되고 말았습니다.

여러분도 이 교재를 만난 이상 '저' 처럼 그렇게 되실 거라고 믿습니다. 이 책에는 말이죠, '저' 의 중국어 사랑이 듬뿍 담겨 있습니다. 세상의 모든 부모님은 이렇게 말씀하십니다. '내 새끼만큼은 고생시키고 싶지 않아요.' 저 역시 저의 중국어 후배이신 여러분들은 제가 했던 고생을 안 했으면 하는 마음에서, 그 옛날의 시행착오를 거울 삼아 이 책 구석구석을 채웠습니다.

어떻게 채웠는지 말해 달라고요? 여러분께서 만약 열정과 좌절 사이를 넘나들며 〈Happy Chinese 중국어교실〉 시리즈를 모두 끝내신다면 어느새 중국어 실력이 몰라보게 향상된 자신을 발견하게 될 것입니다.

어학에는 '왕도' 란 없습니다. 그러나 어떤 방법을 택하느냐에 따라 '지름길' 은 찾을 수 있습니다. 여러분은 이 책에서 중국어 학습의 '지름길' 을 발견하실 수 있으리라 믿습니다. 이제 중국어를 시작하는 여러분에게 '중국어 학습의 든든한 동반자' 가 되겠습니다.

모쪼록 중국어와 마음이 '통(通)' 해 끝까지 함께하는 여러분이 되셨으면 하는 마음입니다.

한민이

이 책의 구성

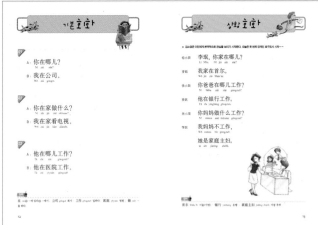

기본회화
이번 과에서 배울 회화와 어법을 간단한 회화로 맛을 봅니다. 단문으로 외우지 말고 꼭 A,B 짝으로 외우세요.

상황회화
다섯 명의 주인공들이 펼치는 드라마 스토리. 학교에서 벌어지는 일들과 회사 생활에서 벌어지는 일들이 한 편의 드라마로 펼쳐집니다. 자~ 우리 주변에서 일어나는 일들을 중국어로 어떻게 표현하는지 코믹한 삽화와 함께 드라마로 감상해 볼까요? 회화는 꼭 소리내어 5번씩 읽으세요. 어법까지 해결됩니다.

Chinese Dictionary
테마별로 중국어 단어를 모았어요. 앞으로 배울 과에서 필요한 내용들이니 주의해서 보세요~

어법배우기
회화 속에 숨어 있는 어법들을 하나하나 쏙쏙 파헤쳐 볼까요?
체계적인 설명과 풍부한 예문으로 중국어의 기초를 다지세요~!

HSK 유형의 연습문제로 복습 시작!

자 ~ 앞에서 배운 기본회화와 상황회화, 그리고 어법을 가지고 본격적인 확인학습으로 들어 갈까요?

EXERCISE 듣기

듣기 문제입니다. 녹음을 잘 듣고 물음에 답해 보세요. 책을 보고 이해하는 것과 귀로만 듣는 중국어는 차원이 다릅니다. 절대~ 컨닝하지 마세요!

EXERCISE 말하기

말하기 문제입니다. 앞에서 배웠던 회화인데 입으로 떨어지지 않는다구요? 반복 연습!!! 이미 다 배운 내용이니 겁먹지 마세요~!

EXERCISE 어법

어법 문제입니다. 주로 〈어법배우기〉에서 다뤘던 내용이나 수업 중에 선생님이 강조하셨던 내용을 위주로 공부하면 어법은 그리 어렵지 않답니다.

EXERCISE 쓰기

앞에서 배웠던 내용을 쓰기로 총체적으로 점검합니다. 보고 쓰고를 되풀이 해도 아련한 기억속의 그대처럼 어렴풋하니 틀린 문제는 읽고 쓰고를 여러 번 써서 반복하세요!

Travel in Beijing & Shanghai

여행을 떠나요~~~
베이징과 상하이의 볼거리, 먹거리, 쇼핑 명소 등 도시의 구석구석을 찾아가 봅니다.
가보지 않아도 중국이 한눈에 쏙!!!

차례

중국어의 발음

차례

주인공 프로필

이민
대학을 졸업하고 대기업에 우수한 성적으로 입사한 인재. 두뇌는 명석하고 예의가 바르지만 가끔 눈치가 없다. 제대로 된 연애도 한 번 못해본 바른생활 사나이...

김소영
기획실에서 근무하는 커리어우먼. 당차고 활발하나 지나치게 솔직해 가끔 상대방을 무안하게 한다. 신입사원 이민에게 첫눈에 반해 데시하려하는데...음~ 이민보다 나이가 많다.

왕명
화교지만 중국어를 잘 못하는 바람의 사나이 왕명. 거래처 직원으로 앞으로 이민, 김소영과 함께 일을 한다.

이나
이민의 여동생. 21살의 발랄한 대학생이다. 철부지 막내로 패션과 여행에는 관심이 많으나 공부에는 관심이 없다.

동동
이나와는 둘도 없는 소꿉 친구. 키가 작고 뚱뚱해 둔해 보이지만 알고 보면 귀여운 남자!!!

중국어의 발음

한어병음
성조

▶ 한어병음

중국어 발음을 표기하는 문자를 '한어병음'이라고 합니다.

'한어병음'은 1958년 2월 11일, 제1회 전국인민대표대회 제5차 회의에서 허가, 실행하게 된 '한어병음방안'에 따른 것입니다. 중국어 발음을 잘하려면 성모(声母)와 운모(韵母), 성조와 전체 음절을 정확히 발음하고 쓸 줄 알아야 합니다.

1 성모   음절의 맨 첫소리로 쓰이는 자음을 가리킨다. (21개)   Track 01

① 쌍순음(双唇音)	b	p	m		[o]
② 순치음(唇齿音)	f				[o]
③ 설첨음(舌尖音)	d	t	n	l	[e]
④ 설근음(舌根音)	g	k	h		[e]
⑤ 설면음(舌面音)	j	q	x		[i]
⑥ 설치음(舌齿音)	z	c	s		[-i]
⑦ 권설음(卷舌音)	zh	ch	sh	r	[-i]

쌍순음   b p m

입술을 붙였다 떼면서 내는 소리이다.

b   [뽀어]   입술을 붙였다 떼면서 [뽀어]라고 발음하자.
p   [포어]   입술을 붙였다 떼면서 가벼운 마음으로 [포어] 하고 소리낸다.
m   [모어]   입술을 붙였다 떼면서 [모어] 하고 소리낸다.

순치음   f

아랫입술을 지긋이 눌러주면서 내는 소리이다.

f   [포어]   윗니로 아랫입술을 살짝 물어주면서 [포어] 하고 소리낸다.

설첨음   d   t   n   l

d   [뜨어]   뜨거운 것을 먹었을 때처럼 [뜨어] 하고 소리낸다.

t   [트어]   혀끝으로 윗잇몸을 살짝 건드리면서 [트어] 하고 발음한다.

n   [느어]   정확한 발음은 [느어]지만, 실제 발음에서는 [너]처럼 들리는 경우가 많다.

l   [르어]   혀끝을 윗잇몸에 대었다 떼면서 [르어] 하고 소리낸다. [르어]와 [러] 발음 두 가지로 다 쓰인다.

설근음   g   k   h

g   [끄어]   목에서 뭔가를 끌어내듯 [끄어] 하고 발음한다.

k   [크어]   이 발음은 '큭~큭~' 하는 것처럼 하다가 [크어]하고 내준다.

h   [흐어]   '흑흑흑' 할 때처럼 입 안의 기류가 입천장을 타고 입 밖으로 나온다는 기분으로 [흐어] 하고 뱉어낸다.

설면음   j   q   x

j   [지]   입을 옆으로 벌리고 [지] 하고 소리낸다.

q   [치]   부드럽게 [치] 하고 발음한다.

x   [시]   입을 옆으로 벌리고 [시] 하고 소리낸다.

설치음   z   c   s

z   [쯔]   입을 옆으로 벌리고 [쯔] 하고 소리낸다.

c   [츠]   입을 옆으로 벌리고 [츠] 하고 소리낸다.

s   [쓰]   입을 옆으로 벌리고 [쓰] 하고 소리낸다.

권설음   zh   ch   sh   r

zh   [즈]   혀끝을 위로 들어올려 입천장 쪽으로 밀면서 [즈] 하고 소리낸다.

ch   [츠]   'zh'와 발음하는 방법은 같으며, 'zh'보다 더 힘을 주어 [츠] 하고 소리낸다.

sh   [스]   혀끝을 위로 들어올려 입천장 쪽으로 밀면서 [스] 하고 소리낸다.

r   [르]   혀끝을 위로 들어올려 입천장 쪽으로 밀면서 [르] 하고 소리낸다.

※ 권설음은 한글로 정확히 표기할 수가 없습니다. 녹음을 여러 번 들으면서 따라하세요.

2 운모

□ 일반운모

①단운모(单韵母)	a	o	e	i(-i)	u	ü
②복운모(复韵母)	ai	ei	ao	ou	
③비운모(鼻韵母)	an	en	ang	eng	ong
④권설운모(卷舌韵母)	er				

□ 결합운모

①제치음(齐齿音)	ia	ie	iao	iou(-iu)	ian
	in	iang	ing	iong	
②합구음(合口音)	ua	uo	uai	uei(-ui)	uan
	uen(-un)	uang	ueng		
③촬구음(撮口音)	üe	üan	ün		

1) 일반운모

단운모　　a o e i u ü

단운모는 하나의 운모로 된 것을 말하며, 발음 시작부터 끝까지 입의 모양과 혀의 위치가 변하지 않는다.

a　[아]　입을 자연스럽게 벌려 [아] 하고 소리낸다.

o　[오어]　입술은 둥근 모양으로 [오]음을 내다가, 끝에 살짝 [어] 하고 붙여준다.

e　[으어]　[으]음을 내다가 끝에 살짝 [어] 하고 붙여준다.

i　[이]　가지런한 이를 보여준다고 생각하면서 입을 옆으로 벌려 [이] 하고 발음한다.
　　　　　▶단독으로 표기할 경우 : yi

u　[우]　야유할 때의 기분으로 입을 앞으로 내밀면서 [우] 하고 발음한다.　▶단독으로 표기할 경우 : wu

ü　[위]　입을 약간 옆으로 퍼지게 만들어 [우]와 [위]의 중간으로 발음한다.　▶단독으로 표기할 경우 : yu

복운모   ai   ei   ao   ou

복운모는 단운모 2, 3개가 결합된 운모이다. 앞의 음을 중점적으로 발음한다.

ai   [아이]   입을 자연스럽게 벌리면서 [아이] 하고 소리낸다.

ei   [에이]   [으어이]] 해서는 안 되고, 입을 자연스럽게 벌리면서 [에이] 하고 소리낸다.

ao   [아오]   입을 자연스럽게 벌리면서 [아오] 하고 발음한다. [오]를 발음할 때는 입을 너무 동그랗게 말지 않는 것이 더 자연스럽다.

ou   [어우]   실제 쓰임에선 단어에 따라 [오우]처럼 들리는 경우도 있다.

비운모   an   en   ang   eng   ong

비운모는 운모에 비음인 [n] [ng]가 결합하여 나는 소리이다. [n]은 'ㄴ'받침에 가깝게 발음하고, [ng]는 'ㅇ'받침에 가깝게 발음한다.

an   [안]   편하게 입을 벌리고 [안] 하고 발음한다.

en   [으언]   먼저 [으] 소리를 내다가 끝에 [언] 하고 살짝 붙여준다.

ang   [앙]   어린아이가 울음을 터뜨리듯 [앙] 하고 소리낸다.

eng   [엉]   때론 [옹]에 가깝게 때론 [엉]에 가깝게 발음한다.

ong   [옹]   기본은 [옹]이지만 실제 쓰임에선 단어에 따라 [웅]에 가깝게 발음하기도 한다.

권설운모   er

권설운모는 혀를 말아 발음하는 운모로 단독으로 음절을 이룬다.

er   [얼]   [얼]과 [알]의 중간 정도의 발음이지만, 때론 [얼]에 가깝게 때론 [알]에 가깝게 발음한다. 성모와 결합하지 않고 단독 표기한다.

2) 결합운모

제치음   ia   ie   iao   iou(-iu)   ian   in   iang   ing   iong

제치음은 단운모와 [i]가 결합하여 나는 소리이다.

ia   [이아]   'a'를 강하게 발음하며 [이아]하고 소리낸다.
             ▶단독으로 표기할 경우 : ya[야]

ie   [이에]   'e'를 강하게 발음하며 [이에] 하고 소리낸다.
             ▶단독으로 표기할 경우 : ye[이에], [예]

iao   [이아오]   중간 발음 'a'를 가장 강하게 발음한다.
             ▶단독으로 표기할 경우 : yao[야오]

iou [이어우] 성모와 결합할 때는 'iu'로 바꿔준다. 이때, 발음은 [이우]라고 해도 상관없다.

ian [이엔] 입을 자연스럽게 벌려 발음하며, 절대로 [이안]으로 발음하지 않는다.

▶단독으로 표기할 경우 : yan[옌]

in [인] 'i'를 강하게 'n'을 약하게 발음한다.

▶단독으로 표기할 경우 : yin[인]

iang [이앙] ▶단독으로 표기할 경우 : yang[양]

ing [이응] 실제 중국인들의 발음을 들으면 비음이 섞여 [이응]으로 발음한다.

▶단독으로 표기할 경우 : ying[이응]

iong [이옹] 입을 가볍게 옆으로 벌리고 [이옹]하고 소리낸다. ▶단독으로 표기할 경우 : yong[옹][융]

합구음　ua　uo　uai　uei(-ui)　uan　uen(-un)　uang　ueng

합구음은 단운모와 [u]가 결합하여 나는 소리이다.

ua [우아] 'u'는 약하게 'a'는 길고 강하게 발음한다. ▶단독으로 표기할 경우 : wa[와]

uo [우어] 'u'는 약하게 'o'는 길고 강하게 발음한다. ▶단독으로 표기할 경우 : wo[워]

uai [우아이] 중간 발음 'a'를 강하게 발음한다. ▶단독으로 표기할 경우 : wai[와이]

uei [우에이] 중간 발음 'e'를 강하게 발음한다. 성모와 결합할 때는 'ui'로 바뀌는데 'e'발음은 그대로 살려 발음한다. ▶단독으로 표기할 경우 : wei[웨이]

uan [우안] 중간 발음 'a'를 강하게 발음한다. ▶단독으로 표기할 경우 : wan[완]

uen [우언] 성모와 결합할 때는 'un'으로 표기하고 발음 역시 [운]으로 해도 상관없다.

▶단독으로 표기할 경우 : wen[원]

uang [우앙] 입을 내밀면서 [우앙]하고 소리낸다. ▶단독으로 표기할 경우 : wang[왕]

ueng [우엉] 입을 내밀었다 끌어들이면서 [이옹]하고 소리낸다. ▶단독으로 표기할 경우 : weng[웡]

촬구음　üe　üan　ün

촬구음은 단운모와 [ü]가 결합하여 나는 소리이다.

üe [위에] 기본 'ü' 발음에 'e'를 붙여 [위에]라고 발음한다.

▶단독으로 표기할 경우 : yue[위에]

üan [위엔] 기본 'ü' 발음에 'an'을 붙여 [위엔]이라고 발음한다.

▶단독으로 표기할 경우 : yuan[위엔]

ün [윈] 기본 'ü' 발음에 'n'을 붙여 [윈]이라고 발음한다.

▶단독으로 표기할 경우 : yun[윈]

exercise

1 녹음을 듣고 성모를 구별해 보세요.

1 A. bi ( )　　B. pi ( )

2 A. pu ( )　　B. fu ( )

3 A. da ( )　　B. ta ( )

4 A. di ( )　　B. ti ( )

5 A. na ( )　　B. la ( )

6 A. san ( )　　B. shan ( )

7 A. wu ( )　　B. yu ( )

8 A. cha ( )　　B. ca ( )

정답 | ①B ②A ③B ④B ⑤A ⑥B ⑦B ⑧B

exercise

2 녹음을 듣고 운모를 구별해 보세요.

1 A. lu （   ）   B. lü （   ）

2 A. nu （   ）   B. nü （   ）

3 A. qi （   ）   B. qu （   ）

4 A. pen （   ）   B. peng （   ）

5 A. teng （   ）   B. tong （   ）

6 A. nie （   ）   B. niu （   ）

7 A. ban （   ）   B. ben （   ）

8 A. jin （   ）   B. jing （   ）

9 A. xin （   ）   B. xing （   ）

10 A. qiang （   ）   B. qiong （   ）

정답 | 1A ② 2B ③B ④A ⑤A ⑥A ⑦B ⑧B ⑨A ⑩A

▶성조

중국어에는 우리말에는 없는 성조가 있습니다. 성조란 쉽게 말해 한자 고유의 높낮이라고 생각하면 됩니다. 영어에 '강세'가 있다면, 중국어에는 '고저'가 있다고 보면 이해하기 쉽습니다. 중국어의 성조에는 제1성, 제2성, 제3성, 제4성과 경성이 있습니다.

제 1 성(第一声)
가장 높은 성조로 '솔' 음에서 시작해서 '솔' 음으로 끝나는 성조이다.
제1성은 ' ¯ '로 표시한다. [bā]

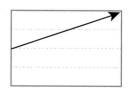

제 2 성(第二声)
중간에서 고음으로 올라가는 성조로, '미' 음에서 시작해서 '솔' 음까지 똑바로 올린다.
제2성은 ' ´ '로 표시한다. [bá]

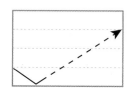

제 3 성(第三声)
낮은 음에서 시작해서, 가장 낮은 음으로 내려갔다가 다시 중간음까지 올려주는 성조이다.
제3성은 ' ∨ '로 표시한다. [bǎ]

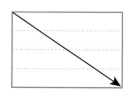

제 4 성(第四声)
가장 높은 음에서 가장 낮은 음으로 떨어지는 성조로, '솔'보다 약간 높은 음에서 시작해서 '도' 음을 향해 빠르게 말꼬리를 내려주면 된다.
제4성은 ' ` '로 표시한다. [bà]

경성(轻声)
경성은 음악 시간에 배웠던 '스타카토'와 같이 가볍게 '톡' 하고 친다는 기분으로 소리를 내주면 된다. 단독으로 쓰이는 경우는 없으며 반드시 다른 성조의 뒤에 따라 나온다.
경성은 성조 표시를 하지 않는다. [ba]

1. 성조 표시

① 성조 표시는 a, o, e, i, u, ü 등의 운모 위에 한다.

māma(엄마, 妈妈)

wǒ(나, 我)

gēge(오빠, 哥哥)

dìdi(남동생, 弟弟)

gūgu(고모, 姑姑)

nǚrén(여자, 女人)

② 모음이 두 개 이상 나올 경우엔 입이 더 크게 벌어지는 모음 위에 표시하는 것이 원칙이다.

bàozhǐ(신문, 报纸)

bēizi(잔, 杯子)

shǒujī(휴대전화, 手机)

2. 3성의 변화

▶ 제3성 + 제3성 ⇒ 제2성 + 제3성

3성과 3성이 결합하면 앞의 3성은 2성으로 바뀐다. 뒤의 3성은 원래대로 3성으로 읽거나 혹은 반3성으로 읽는다.

· nǐ hǎo ⟶ ní hǎo   你好! 안녕하세요!

▶ 제3성 + 제1성 / 제2성 / 제4성 / 경성 = 반3성 + 제1성 / 제2성 / 제4성 / 경성

· běi + jīng ⟶ běijīng   北京 베이징
· hěn + nán ⟶ hěnnán   很难 어려워요
· hǎo + kàn ⟶ hǎokàn   好看 예뻐요
· xǐ + huan ⟶ xǐhuan   喜欢 좋아해요

※ 반3성은 3성의 앞부분만 발음하는 것을 말합니다.

3. 4성의 변화

▶ 4성+4성 = 반4성 +4성

4성과 4성이 연이어 나오면 앞의 4성은 반4성으로 읽는다.

· zài + jiàn → zàijiàn   再见 안녕히 가세요

· diàn + huà → diànhuà   电话 전화

※ 반4성은 4성의 앞부분만 발음하는 것을 말합니다.

4. '不'의 변화

▶ '不'는 단독으로 쓰일 때나 1성/2성/3성 앞에서는 원래의 성조인 4성으로 읽는다.

· 단독	bù	不 아니다
· 不+1성	bù hē	不喝 안 마시다
· 不+2성	bù máng	不忙 안 바쁘다
· 不+3성	bù hǎo	不好 안 좋다

▶ '不'는 4성 앞에서는 2성으로 읽는다.

· 不+4성   bú qù   不去 안 갑니다

5. '一'의 변화

▶ 수사 '一'는 서수나 단독으로 쓰일 때는 원래의 성조인 '1성'으로 읽는다.

· 1	yī	一
· 첫 번째	dì yī	第一
· 1월 1일	yī yuè yī hào	一月一号

▶ 수사 '一'는 제1성 / 2성 / 3성 앞에서는 '4성'으로 읽는다.

· 一 + 1성	yī + bān → yìbān	一般 일반적으로
· 一 + 2성	yī + nián → yìnián	一年 1년
· 一 + 3성	yī + bǎi → yìbǎi	一百 1백

▶ 4성이나 4성이 변한 경성 앞에서는 '2성'으로 읽는다.

· 一 + 4성	yī + gòng → yígòng	一共 모두 합쳐서
· 一 + 경성	yī + ge → yí ge	一个 한 개

6. 격음부호

'a', 'o', 'e'로 시작되는 음절이 다른 음절의 뒤에 이어져, 음절 사이에 혼동이 생길 가능성이 있을 때는, 이를 방지하기 위해 앞 음절과 뒤 음절 사이에 격음부호(')를 찍어준다.

shǒu'ěr(서울, 首尔)

nǚ'ér(딸, 女儿)

7. 얼화(儿化)

모음 '儿'이 독립적인 음절로 쓰일 때는 '儿 ér'로 발음되지만, 다른 글자 뒤에 접미사로 쓰일 때는 앞 음절의 운모(韵母)를 권설(卷舌)운모가 되게 하는데, 이러한 작용을 가리켜 '儿化'라 하고 이 '儿化'된 운모를 '儿化韵'이라 한다. 이 '儿化韵'은 결합하는 운모에 따라 발음이 달라진다.

xiǎoháir(어린아이, 小孩儿)

exercise

1 녹음을 듣고 성조를 구별해 보세요.

1 A bīng ( )　B bíng ( )　C bǐng ( )　D bìng ( )

2 A piān ( )　B pián ( )　C piǎn ( )　D piàn ( )

3 A mīng ( )　B míng ( )　C mǐng ( )　D mìng ( )

4 A dīng ( )　B díng ( )　C dǐng ( )　D dìng ( )

5 A tiān ( )　B tián ( )　C tiǎn ( )　D tiàn ( )

6 A nīn ( )　B nín ( )　C nǐn ( )　D nìn ( )

7 A liāng ( )　B liáng ( )　C liǎng ( )　D liàng ( )

8 A jīng ( )　B jíng ( )　C jǐng ( )　D jìng ( )

9 A qiōng ( )　B qióng ( )　C qiǒng ( )　D qiòng ( )

10 A xīn ( )　B xín ( )　C xǐn ( )　D xìn ( )

exercise

2 녹음을 듣고 단어의 성조를 표시해 보세요.

1

mama

2

baozhi

3

xiaohair

4

nüren

5

gege

정답 | ① māma ② bàozhǐ ③ xiǎoháir ④ nǚrén ⑤ gēge

你好!

안녕하세요!

학습목표

처음 만나는 사람과는 중국어로 어떻게 인사
할까요?
"Nǐ hǎo!" 알고 나면 너무나도 쉬워요*^^*

Track 08

01

A : 你好!
Nǐ hǎo!

B : 你好!
Nǐ hǎo!

1 안녕하세요!

일상 생활에서 가장 많이 쓰는 인사말로, 시간이나 장소·신분에 관계없이 쓸 수 있습니다. 연장자나 처음 만나는 사람에게는 '您好! Nín hǎo!' 라고 합니다.

02

A : 你好吗?
Nǐ hǎo ma?

B : 我很好!
Wǒ hěn hǎo!

2 잘 지내십니까?

'你好!'에 의문조사 '吗'를 써서 '잘 지내십니까?' 라는 의문문이 되었습니다. 주로 잘 알고 지내는 사이에 씁니다.

03

A : 再见!
Zàijiàn!

B : 再见!
Zàijiàn!

3 안녕히 계십시오!

다시 만날 날짜를 말하지 않고 헤어질 때 쓰는 인사말입니다. 영어식으로 '拜拜!' (Bye-bye)라고 하기도 합니다.

 단어

你好 nǐ hǎo 안녕 | 吗 ma ~입니까? | 我 wǒ 나 | 很 hěn 매우, 아주 | 再见 zàijiàn 안녕히 계십시오, 또 뵙겠습니다

26

상황 회화

▸ 전철역. 왕명은 김소영을 보고 반갑게 인사를 한다. 하지만 지각을 한 김소영은 인사를 하는 둥 마는 둥 하며 쌩~ 달려가 버린다.

| 王明 | 你好，金小英! |
| | Nǐ hǎo, Jīn Xiǎoyīng! |

| 金小英 | 你好! |
| | Nǐ hǎo! |

| 王明 | 你身体好吗? |
| | Nǐ shēntǐ hǎo ma? |

| 金小英 | 我身体很好! 再见! |
| | Wǒ shēntǐ hěn hǎo! Zàijiàn! |

| 王明 | 再见! |
| | Zàijiàn! |

 단어

身体 shēntǐ 신체, 몸, 건강

Exercise 듣기

1 녹음을 잘 듣고 맞는 발음을 찾아 보세요.

① A : pō   B : fō

② A : dǎ   B : tǎ

③ A : nǎo   B : lǎo

④ A : wú   B : yú

2 녹음을 잘 듣고 성조를 표기해 보세요.

① ni   ② hao   ③ shenti

④ hen   ⑤ ni hao   ⑥ zaijian

3 녹음을 잘 듣고 질문에 대한 알맞은 대답을 찾아 보세요.

Q :

A 再见!   B 你好!   C 您好!   D 我身体很好!

4 녹음을 듣고 의미가 다른 하나를 찾아 보세요.

A   B

C   D

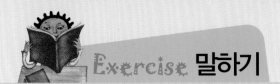

1 그림의 상황에 맞는 대화를 완성해 보세요.

(1)

Ⓐ 你好!

Ⓑ

(2)

Ⓐ 再见!

Ⓑ

2 밑줄 친 부분의 단어를 바꿔가며 문장을 읽어 보세요.

你好!

| 您 |
| 老师 |
| 大家 |

你身体好吗?

| 您 |
| 老师 |
| 大家 |

 단어

老师 lǎoshī 선생님 ｜ 大家 dàjiā 여러분, 모두

Exercise 쓰기

다음을 중국어로 써 보세요.

1 안녕하세요! (好)

2 안녕히 계십시오!

3 안녕하십니까?

4 예, 잘 지내요!

5 건강하십니까? (身体)

발음 트레이닝

🍎 1성

Track 11

▶ 1성+1성

fēijī 飞机 비행기   kāfēi 咖啡 커피

▶ 1성+2성

jiāyóu 加油 힘내세요   Zhōngguó 中国 중국

▶ 1성+3성

shēntǐ 身体 건강, 신체   xīnkǔ 辛苦 수고하셨습니다

▶ 1성+4성

gāoxìng 高兴 기쁘다   gōngzuò 工作 일하다

▶ 1성+경성

māma 妈妈 엄마   gēge 哥哥 오빠, 형

때에 따른 인사

1 아침 인사

Ⓐ 早上好! 좋은 아침입니다!
Zǎoshang hǎo!

Ⓑ 早上好! 좋은 아침이에요!
Zǎoshang hǎo!

2 점심 인사

Ⓐ 中午好! 안녕하세요!
Zhōngwǔ hǎo!

Ⓑ 中午好! 안녕하세요!
Zhōngwǔ hǎo!

3 저녁 인사

Ⓐ 晚上好! 안녕하세요!
Wǎnshang hǎo!

Ⓑ 晚上好! 안녕하세요!
Wǎnshang hǎo!

PART
02

谢谢!
감사합니다!

학습목표

1 고마움과 감사의 표현을 중국어로 알아봅니다.

2 오랜만에 만난 사람과는 어떻게 인사하는지 알
아봅니다.

기본호호

01

A : 谢谢!
　　Xiè xie!

B : 不客气!
　　Bú kè qi!

1 감사합니다!
상대방에게 고마움을 표시할 때 쓰는 인사말입니다.

02

A : 对不起!
　　Duì bu qǐ!

B : 没关系!
　　Méi guān xi!

2 죄송합니다!
상대방에게 미안함을 표시할 때 쓰는 인사말입니다.

03

A : 好久不见!
　　Hǎo jiǔ bú jiàn!

B : 好久不见!
　　Hǎo jiǔ bú jiàn!

3 오랜만입니다!
오랫동안 만나지 못했을 때 쓰는 인사말입니다. 보통 서로 알고 있는 사이에 씁니다.

 단어

谢谢 xièxie 감사합니다 | 不客气 bú kèqi 별말씀을요 | 对不起 duìbuqǐ 미안합니다 | 没关系 méi guānxi 괜찮습니다 | 久 jiǔ 오래다 | 不 bù 아니다, ~하지 않다 | 见 jiàn 만나다

상황회화

Track 14

⤷ 지방에 파견나갔던 이민이 수습 기간을 마치고 본사로 복귀했다. 출근길 로비에서 이민과 마주친 김소영은 얼굴에 화색이 돈다.

金小英　李珉，好久不见！
　　　　Lǐ Mín,　Hǎojiǔ　bú jiàn!

李珉　　金小英，好久不见！
　　　　Jīn Xiǎoyīng,　hǎojiǔ　bú jiàn!

金小英　你身体好吗？
　　　　Nǐ　shēntǐ　hǎo ma?

李珉　　我身体很好！谢谢！
　　　　Wǒ　shēntǐ　hěn hǎo!　Xièxie!

金小英　不客气！
　　　　Bú　kèqi!

Track 15

1 녹음을 잘 듣고 맞는 발음을 찾아 보세요.

① A : chī   B : cī   C : qī

② A : sí   B : shí   C : xí

③ A : qián   B : xián   C : chán

④ A : yán   B : yuán   C : yún

2 녹음을 잘 듣고 성조를 표기해 보세요.

① mei guanxi   ② bu keqi   ③ dui bu qi

④ xiexie   ⑤ haojiu bu jian   ⑥ shenti

3~4 다음에서 들려주는 대화에 대한 알맞은 말은 무엇일까요?

3

A 不客气!   B 对不起!   C 再见!   D 没关系!

4

A 谢谢!   B 你好!   C 好久不见!   D 没关系!

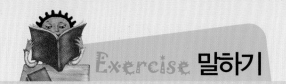

그림의 상황에 맞는 대화를 완성해 보세요.

1 Ⓐ 对不起!

Ⓑ

2 Ⓐ 再见!

Ⓑ

3 Ⓐ 谢谢!

Ⓑ

Exercise 쓰기

다음을 중국어로 써 보세요.

1 Hǎojiǔ bú jiàn!

2 Méi guānxi!

3 Wǒ shēntǐ hěn hǎo!

4 Xièxie!

5 Bú kèqi!

🍎 **2성**

Track 16

▶ **2성＋1성**

guójiā　国家　나라　　　míngtiān　明天　내일

▶ **2성＋2성**

huídá　回答　대답하다　　　xuéxí　学习　공부하다

▶ **2성＋3성**

cídiǎn　词典　사전　　　niúnǎi　牛奶　우유

▶ **2성＋4성**

xuéxiào　学校　학교　　　yúkuài　愉快　즐겁다

▶ **2성＋경성**

míngzi　名字　이름　　　yéye　爷爷　할아버지

Travel in Beijing

베이징은 어떤 곳일까?

베이징은 중국의 수도이자 정치·문화의 중심지이다. 구궁(故宫), 톈탄(天坛), 이허위안(颐和园) 등 유서 깊은 유적들이 집중되어 있을 뿐만 아니라, 톈안먼 광창(天安门广场)과 같이 격동의 중국 현대사를 대표하는 명소들이 있고, 또한 현대적인 빌딩과 차량이 넘치는 창안제(长安街) 거리가 개혁 개방 이후 급속히 발전해 온 오늘날의 중국을 말해 주고 있다. 한마디로 베이징은 중국의 과거와 현재를 고스란히 담고 있는 얼굴이며, 베이징에 가 보지 않고서는 중국을 논할 수 없다고까지 말할 수 있다.

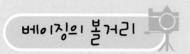

베이징의 볼거리

📷 톈안먼 광창(天安门广场, 천안문 광장)

톈안먼 광창은 총면적 약 40만m²의 광대한 넓이를 자랑한다. 하지만 톈안먼 광창이 전 세계적으로 유명한 것은 그 넓이 때문이 아니라 그것이 가진 상징성 때문일 것이다. 이곳은 명실공히 중국 정치의 중심일 뿐만 아니라, 5·4 운동과 '중화인민공화국'의 건국 선포, 톈안먼 사태 등 중국 현대사의 굵직굵직한 사건들이 바로 이곳에서 벌어졌다.

광장 가운데에는 국기 게양대가 있고 중국 국기인 오성홍기가 게양되어 있는데, 매일 새벽과 저녁에 열리는 국기 게양식과 하강식은 그 장중한 분위기와 군인들의 절도 있는 동작 등으로 항상 많은 관광객들이 몰려드는 볼거리이다. 특히 10월 1일 국경절에는 전국에서 수만 명의 관중이 몰려들어 광장에서 밤을 새우며 국기 게양식을 기다리곤 한다. 국기 게양식과 하강식은 계절별로 일출과 일몰 시간에 맞추어 열리기 때문에 시간이 일정하지 않다. 대신 톈안먼 앞의 전광판에 그날그날의 정확한 시간을 공시한다.

🔹 이허위안(頤和園, 이화원)

이허위안은 베이징 시내 서북쪽에 위치하고 있으며, 중국에 현존하는 최대의 황실 정원이다. 이곳에는 금나라 때 처음 행궁이 지어졌으며, 명나라와 청나라 때를 거치면서 개축되었다. 1860년 아편전쟁 때 영국과 프랑스의 연합군에 의해 파괴되었는데, 1888년 서태후가 해군의 군비를 유용하여 이곳을 재건하고 "이허위안"이라고 명명하였고, 1900년 의화단 사건 때 8개국 연합군에게 다시 파괴당했다가 1903년 재건되었다.

이허위안의 전체 면적은 290만㎡가 넘고, 인공산인 완서우산(万寿山)과 인공 호수인 쿤밍후(昆明湖)로 구성된다. 이허위안에는 41m 높이의 포샹거(佛香阁)를 비롯하여 각종 건물들이 있는데, 모든 건물에 있는 방의 갯수를 합하면 3000여 칸에 이른다. 호숫가에는 창랑(长廊)이라는 긴 복도가 이어져 있는데, 갖가지 옛날 이야기 속의 장면들을 파노라마처럼 그려놓은 것이 재미있다. 또한 완서우산 뒷쪽에는 강남의 거리 풍경을 본떠서 만든 쑤저우제(苏州街)가 있고, 흰 돌로 만든 아치형의 다리인 스치쿵차오(十七孔桥)나 돌로 만든 배 스팡(石舫) 등의 아름답고 호화로운 볼거리들이 풍성하다.

🔹 톈탄(天坛, 천단)

톈탄은 시내 중심가의 남쪽에 있다. 명나라 영락(永乐) 18년(1420년)에 창건되었으며, 명나라와 청나라의 황제들이 하늘에 제사 지내던 장소다.

톈탄의 건물 배치와 설계에는 '하늘은 둥글고 땅은 네모지다(天圆地方)'라는 중국 고대의 우주관이 투영되어 둥근 건물과 사각형의 담장이 조화를 이루고 있다. 주요 건물로는 치녠뎬(祈年殿), 황충위(皇穹宇), 환추(圜丘) 등이 있다. 치녠뎬은 황제가 매년 정월 풍년을 기원하던 곳으로서, 세 겹의 둥근 지붕이 인상적인 건물이다. 옛날에는 베이징에서 가장 높은 건물(38m)이었다고 하며, 못을 전혀 사용하지 않고 나무를 끼워 맞추는 방식으로 지은 목조 건물이다. 황충위는 건물 자체보다는 건물을 둘러싼 후이인비(回音壁)라는 벽이 소리를 반사한다고 해서 더욱 유명하다. 환추는 돌로 된 3층의 단인데, 그 중심에 서서 말을 하면 자기 목소리가 반사되어 들린다고 한다.

이러한 유적들은 굉장히 큰 숲 한가운데에 위치해 있어서, 이곳이 도시 한복판이라는 느낌을 전혀 받을 수 없다. 유적 바깥쪽의 숲은 시민들을 위한 공원으로 개방되어 있어서 아침이면 태극권이나 체조를 하는 노인들을 볼 수 있다.

헤어질 때 인사

1

Ⓐ 再见! 잘 가!
Zàijiàn!

Ⓑ 再见! 잘 가!
Zàijiàn!

2

Ⓐ 拜拜! Byebye!
Báibai!

Ⓑ 拜拜! Byebye!
Báibai!

3

Ⓐ 明天见! 내일 봐요!
Míngtiān jiàn!

Ⓑ 明天见! 내일 봐요!
Míngtiān jiàn!

PART
03

您贵姓?
성이 어떻게 되세요?

학습목표

1 처음 만난 사람과 통성명하는 상황을 중국어로 알아봅니다.

2 자신의 이름을 중국어로 정확하게 발음할 수 있도록 연습합니다.

기본호화

01

A : 您贵姓?
　　Nín guì xìng?

B : 我姓王。
　　Wǒ xìng Wáng.

1 성이 무엇입니까?
초면이거나 윗사람에게 사용하는 인사말로, 아주 예의 바른 표현입니다.

02

A : 你叫什么名字?
　　Nǐ jiào shénme míngzi?

B : 我叫金小英。
　　Wǒ jiào Jīn Xiǎoyīng.

2 이름이 무엇입니까?
동년배나 아랫사람 등을 처음 만났을 때 이름을 묻는 표현입니다.

03

A : 认识你很高兴!
　　Rènshi nǐ hěn gāoxìng!

B : 认识你我也很高兴!
　　Rènshi nǐ wǒ yě hěn gāoxìng!

3 알게 되어 반갑습니다!
보통 처음 만나는 사람끼리 쓰는 표현입니다. 영어의 "Glad to meet you!"와 같은 의미입니다.

단어

贵 guì 존경의 뜻을 나타냄 | 姓 xìng 성이 ~이다 | 叫 jiào 부르다 | 什么 shénme 무엇 | 名字 míngzi 이름 | 也 yě ~도, ~또한 | 认识 rènshi 알다, 인식하다 | 高兴 gāoxìng 기쁘다, 즐거워하다

상황 회화

Track 19

▸ 일로 만나게 된 왕명과 이민. 처음 만나 서로 통성명을 한다.

李珉　　**初次见面!**
　　　　Chūcì jiànmiàn!

王明　　**请多多关照!**
　　　　Qǐng duōduō guānzhào!

李珉　　**您贵姓?**
　　　　Nín guì xìng?

王明　　**我姓王，叫王明。您贵姓?**
　　　　Wǒ xìng Wáng, jiào Wáng Míng. Nín guì xìng?

李珉　　**我姓李，叫李珉。**
　　　　Wǒ xìng Lǐ, jiào Lǐ Mín.

王明　　**认识你很高兴!**
　　　　Rènshi nǐ hěn gāoxìng!

李珉　　**认识你我也很高兴!**
　　　　Rènshi nǐ wǒ yě hěn gāoxìng!

 단어

初次 chūcì 첫 번째, 처음 | 见面 jiànmiàn 만나다 | 请 qǐng 부탁하다 | 多多 duōduō 많이, 충분히 | 关照
guānzhào 돌보다, 보살펴주다

Track 20

1 녹음을 잘 듣고 한자와 병음을 써 보세요.

① _____   ② _____

③ _____   ④ _____

⑤ _____   ⑥ _____

2~3 녹음에서 들려주는 대화에 대한 알맞은 대답을 고르세요.

2

A 初次见面!   B 对不起!   C 我姓王!   D 没关系!

3

A 您贵姓!   B 对不起!

C 我叫金小荣。   D 认识你我也很高兴!

4 녹음을 잘 듣고 대화에 알맞은 그림을 고르세요.

Ⓐ   Ⓑ

A   B   C   D

1 밑줄 친 칸에 알맞은 말을 넣어 대화를 완성하세요.

Ⓐ 你身体好吗?

Ⓑ 我_____! 谢谢!

Ⓐ _____!

2 주어진 단어를 배열하여 문장을 완성해 보세요.

(1) 叫, 名字, 你, 什么

(2) 很, 认识, 我, 高兴, 你, 也

(3) 多, 关照, 请, 多

(4) 见, 初次, 面

(5) 好, 我, 很, 身体

다음을 중국어로 써 보세요.

1 Nín guì xìng?

2 Nǐ jiào shénme míngzi?

3 Rènshi nǐ hěn gāoxìng!

4 Chūcì jiànmiàn!

5 Qǐng duōduō guānzhào!

🍎 3성

▶ 3성 + 1성

lǎoshī　老师　선생님　　　shǒujī　手机　휴대전화

▶ 3성 + 2성

Fǎguó　法国　프랑스　　　Měiguó　美国　미국

▶ 3성 + 3성

shǒubiǎo　手表　시계　　　yǔsǎn　雨伞　우산

▶ 3성 + 4성

gǎnmào　感冒　감기　　　hǎokàn　好看　예쁘다

▶ 3성 + 경성

běnzi　本子　노트　　　nǎinai　奶奶　할머니

숫자 세기

Track 22

一
yī

六
liù

二
èr

七
qī

三
sān

八
bā

四
sì

九
jiǔ

五
wǔ

十
shí

今天几月几号?

오늘은 몇 월 며칠입니까?

학습목표

1 1부터 10까지 중국어로 숫자를 알아봅니다.
2 숫자와 관계된 회화를 중국어로 배웁니다.

기본호호

Track 23

01

A: 今天几月几号?
Jīntiān jǐ yuè jǐ hào?

B: 今天四月三号。
Jīntiān sì yuè sān hào.

02

A: 今天星期几?
Jīntiān xīngqī jǐ?

B: 今天星期三。
Jīntiān xīngqī sān.

03

A: 你的电话号码是多少?
Nǐ de diànhuà hàomǎ shì duōshao?

B: 我的电话号码是712-9982。
Wǒ de diànhuà hàomǎ shì qī yāo èr - jiǔ jiǔ bā èr.

---

1 오늘은 몇 월 며칠이죠?

'월'은 1~12까지의 수 뒤에 '月'를 붙입니다. '일'은 1~31까지의 수 뒤에 '号'를 붙입니다. 서면어에는 '号' 대신에 '日 rì'를 씁니다.

2 오늘은 무슨 요일이죠?

월요일 星期一
화요일 星期二
수요일 星期三
목요일 星期四
금요일 星期五
토요일 星期六
일요일 星期天

3 전화번호가 몇 번입니까?

전화번호를 말할 때는 숫자를 쭉 나열하여 하나씩 말하면 됩니다. 전화번호를 말할 때 숫자 1은 'yāo'라고 읽습니다.

今天 jīntiān 오늘 | 几 jǐ 얼마, 몇 | 月 yuè 월 | 号 hào 일 | 星期 xīngqī 주일, 요일 | 电话号码 diànhuà hàomǎ 전화번호 | 的 de ~의 | 是 shì ~이다

상황 회화

▸▸ 거래처 직원 왕명과 담당 직원 김소영. 왕명은 전표에 사인을 하면서 일을 핑계 삼아 김소영의 전화번호를 묻는다.

王明	今天几月几号? Jīntiān jǐ yuè jǐ hào?
金小英	今天五月九号。 Jīntiān wǔ yuè jiǔ hào.
王明	今天星期几? Jīntiān xīngqī jǐ?
金小英	今天星期五。 Jīntiān xīngqī wǔ.
王明	你的电话号码是多少? Nǐ de diànhuà hàomǎ shì duōshao?
金小英	我的电话号码是514-8092。 Wǒ de diànhuà hàomǎ shì wǔ yāo sì - bā líng jiǔ èr.
王明	谢谢! 明天见! Xièxie! Míngtiān jiàn!
金小英	明天见! Míngtiān jiàn!

 단어

零 líng 0(숫자) | 明天 míngtiān 내일 | 见 jiàn 만나다, 보다

53

Track 25

1 녹음을 잘 듣고 해당하는 한자와 병음을 쓰세요.

① _____   ② _____

③ _____   ④ _____

2~4 녹음에서 들려주는 대화를 듣고 질문에 답하세요.

2 Ⓐ _____   Ⓑ _____

Q : 내일은 무슨 요일입니까?

A 일요일   B 월요일   C 화요일   D 수요일

3 Ⓐ _____   Ⓑ _____

Q : 그녀의 전화번호는 몇 번입니까?

A 9036 - 9982   B 9136 - 9982

C 9536 - 9882   D 9136 - 9882

4 Ⓐ _____   Ⓑ _____

Q : 내일은 몇 월 며칠입니까?

A 七月十五号   B 七月十七号

C 七月十六号   D 七月五号

다음 그림을 보고 대화를 완성해 보세요.

1　Ⓐ　今天几月几号?

　　Ⓑ

2　Ⓐ　今天星期几?

　　Ⓑ

3　Ⓐ　你的电话号码是多少?

　　Ⓑ

다음을 중국어로 써 보세요.

1 오늘은 목요일입니다.

2 김소영 씨, 오랜만입니다.

3 저도 알게 되어 반갑습니다.

4 내일은 몇 월 며칠입니까?

5 전화번호가 몇 번입니까?

발음 트레이닝

🍎 4성

Track 26

▶ 4성 + 1성

| miànbāo 面包 빵 | qìchē 汽车 자동차 |

▶ 4성 + 2성

| dàxué 大学 대학 | wèntí 问题 문제 |

▶ 4성 + 3성

| dìtiě 地铁 전철 | diànyǐng 电影 영화 |

▶ 4성 + 4성

| diànshì 电视 텔레비전 | diànhuà 电话 전화 |

▶ 4성 + 경성

| bàba 爸爸 아빠 | dìdi 弟弟 남동생 |

베이징 교외의 볼거리

창청(长城, 만리장성)

아마도 창청에 대해서는 별도의 설명이 필요 없을지도 모르겠다. 베이징을 찾는 사람들의 가장 큰 목적이 바로 이 인류 역사상 최고의 건축물을 눈으로 확인하는 데 있을 테니까 말이다.

창청은 기원전 5~7세기 춘추전국 시대 각 지방의 제후들이 북방의 흉노족의 침입을 막기 위해서 드문드문 쌓았던 성벽들을 진시황 때 연결하여 하나의 길다란 성벽으로 만든 것이다. 이후 명나라 때 몽고의 침입을 막기 위해서 대대적으로 확장함으로써 현재의 모습을 갖추게 되었다. 창청은 동쪽으로는 발해만(渤海湾)에서 출발하여 서쪽으로는 고비 사막까지 총 길이 6350km에 이르는데, 그 중에서 산하이관(山海关)에서 자위관(嘉峪关)까지의 성벽이 가장 보존 상태가 좋고 견고하다. 성벽은 대개 산줄기를 따라서 지어졌는데, 성벽에 올라가서 멀리 바라보면 구불구불하게 끝없이 뻗어나간 성벽이 마치 꿈틀거리는 용을 보는 듯하다.

베이징에서 가까운 창청 관광지는 바다링(八达岭)과 무톈위(慕田峪), 쓰마타이(司马台) 등이 있다. 바다링은 시내에서 약 75km 떨어진 곳에 있는데, 해발 1,015m로 창청 전체를 통틀어 가장 높고 지세가 매우 험준하다. 이곳의 창청은 돌과 벽돌을 쌓아서 견고하고 웅장하게 지어졌으며, 보존 상태가 가장 좋고 교통도 편리해서 창청 관광지 중 가장 유명하다.

무톈위 창청은 베이징에서 북동쪽으로 75km 떨어진 곳에 있는데, 높고 험준하여 오르기 힘겨운 편이지만 케이블카를 타면 3분 만에 오를 수 있다. 보존이 잘 되어 있고 주위의 자연 환경이 좋다.

쓰마타이 창청은 베이징에서 130km나 떨어져 있고 교통이 불편해서 선뜻 가기 힘든 곳이다. 성벽 양옆이 깎아지른 듯한 절벽이라서 매우 험준하며, 성벽도 특히 견고하고 정교하다. 입구 쪽에 쓰마타이 저수지가 있는데, 맑은 수면에 창청이 거꾸로 비치는 모습이 또 하나의 볼거리다.

밍스싼링(明十三陵, 명13릉)

◀ 창링(长陵)

베이징에서 서북쪽으로 약 45km 떨어진 산기슭에 명나라 황제 13명의 황릉이 모여 있는데, 이곳이 바로 밍스싼링이다. 이곳은 전세계에 현존하는 황릉군 중에서 가장 많은 황제들이 묻혀 있으며 보존이 잘 된 곳이다. 전체 면적이 40km²에 이르고, 건설하는 데 200년이나 걸린 방대한 규모다.

진입로 양쪽에는 문무 관료의 석상 12개와 동물들의 석상 24개가 늘어서 있는데, 이것은 모두 명나라 때의 작품이다. 13개의 황릉 중에서 가장 규모가 큰 창링(长陵)에는 굵은 녹나무로 지은 대전이 있는데, 지은 지 500여 년이 지났지만 완벽하게 보존되어 경탄을 자아낸다. 딩링(定陵)에는 황제 1명과 황후 2명의 관이 놓여 있는 지하 궁전이 있는데, 비록 화려하지는 않지만 견고한 석조 구조물이며, 사후 세계를 의식하여 옥좌 등을 마련해 놓은 것이 눈에 띈다. 밍스싼링에서 출토된 유물을 모아놓은 전시관도 있다.

샹산(香山, 향산)

샹산은 베이징 서북쪽 교외에 있는 작은 산이다. 금·원·명·청나라 등의 역대 황제들이 이곳에 행궁을 지어 놓고 놀러오곤 했었다. 늦가을이면 베이징 사람들은 붉게 물든 샹산을 구경하러 간다. 우리로 치면 단풍놀이를 가는 셈인데, 샹산을 붉게 물들이는 것이 단풍잎이 아니라 둥글넙적하고 독특한 향이 나는 홍수(红树)의 잎이라는 점이 조금 다르다. 샹산 기슭에는 비닐 코팅된 붉은 홍수잎을 기념품으로 파는 가게가 많다.

산기슭에서 정상인 샹루펑(香炉峰)까지 리프트가 있어서 쉽게 올라갈 수 있지만, 사실 산의 높이가 557m에 불과하므로 걸어서 올라가도 별로 힘들지 않다. 샹산 기슭에는 한때 마오쩌둥이 살았던 별장이 있으며, 샹산 근처에는 비윈쓰(碧云寺)과 워포쓰(卧佛寺) 등의 명소가 있다.

여러 가지 직업

老师 lǎoshī 선생님　　歌手 gēshǒu 가수　　厨师 chúshī 요리사

医生 yīshēng 의사　　护士 hùshi 간호사　　警察 jǐngchá 경찰

公司职员 gōngsī zhíyuán 회사원　运动员 yùndòngyuán 운동선수　演员 yǎnyuán 배우

60

PART 05

我是学生。

나는 학생입니다.

학습목표

1 자신의 직업을 중국어로 알아보고, 상대방에게
  도 직업이 무엇인지 물어보세요.

2 동사 '是'에 대해서 집중적으로 알아봅니다.

기본회화

Track 28

01

A: 你是学生吗?
   Nǐ shì xuésheng ma?

B: 我是学生。
   Wǒ shì xuésheng.

02

A: 你是老师吗?
   Nǐ shì lǎoshī ma?

B: 我不是老师, 我是学生。
   Wǒ bú shì lǎoshī, wǒ shì xuésheng.

03

A: 这是书吗?
   Zhè shì shū ma?

B: 这不是书, 这是本子。
   Zhè bú shì shū, zhè shì běnzi.

 단어

是 shì ~이다 | 学生 xuésheng 학생 | 老师 lǎoshī 선생님 | 不是 bú shì ~이 아니다 | 这 zhè 이, 이것 |
书 shū 책 | 本子 běnzi 노트

62

상황 회화

Track 29

▸ 김소영은 새벽반 중국어 수업을 듣는다. 김소영을 따라 학원에 등록한 왕명은 들어오는 학생을 보며 자꾸 말을 거는데, 소영은 귀찮기만 하다.

王明　　早上好!
　　　　Zǎoshang hǎo!

金小英　早上好!
　　　　Zǎoshang hǎo!

王明　　他是老师吗?
　　　　Tā shì lǎoshī ma?

金小英　不, 他不是老师, 他是学生。
　　　　Bù, tā bú shì lǎoshī, tā shì xuésheng.

王明　　他叫什么名字?
　　　　Tā jiào shénme míngzi?

金小英　我也不知道。
　　　　Wǒ yě bù zhīdào.

 단어

早上 zǎoshang 아침 ｜ 他 tā 그(3인칭 남자를 가리킴) ｜ 不知道 bù zhīdào 모르다

어법배우기

1 동사 是

'是'를 쓰는 문장의 긍정형은 'A是B(A는 B이다)', 부정형은 'A不是B(A는 B가 아니다)' 입니다.

긍정형	부정형
· 我是老师。 Wǒ shì lǎoshī.	我不是老师。 Wǒ bú shì lǎoshī.
· 他是模特儿。 Tā shì mótèr.	他不是模特儿。 Tā bú shì mótèr.
· 他们是运动员。 Tāmen shì yùndòngyuán.	他们不是运动员。 Tāmen bú shì yùndòngyuán.
· 那是桌子。 Nà shì zhuōzi.	那不是桌子。 Nà bú shì zhuōzi.

2 吗의문문

'吗'를 쓰는 의문문은 평서문의 끝에 의문 어기조사 '吗'를 써주면 됩니다.

평서형	의문형
· 我是总经理。 Wǒ shì zǒngjīnglǐ.	你是总经理吗？ Nǐ shì zǒngjīnglǐ ma?
· 他是警察。 Tā shì jǐngchá.	他是警察吗？ Tā shì jǐngchá ma?
· 她是歌手。 Tā shì gēshǒu.	她是歌手吗？ Tā shì gēshǒu ma?
· 这是电话。 Zhè shì diànhuà.	这是电话吗？ Zhè shì diànhuà ma?

3 인칭대명사

중국어의 인칭대명사에는 단수형과 복수형이 있는데, 복수형을 만들 때는 복수접미사 '们'만 붙여주면 됩니다.

단수형	我	你	他	她	它
	wǒ	nǐ	tā	tā	tā
	나	너	그	그녀	그것

복수형	我们(咱们)	你们	他们	她们	它们
	wǒmen(zánmen)	nǐmen	tāmen	tāmen	tāmen
	우리	너희들	그들	그녀들	그것들

핵심 어법 플러스

我们 VS 咱们

'我们'과 '咱们'은 모두 '우리'를 뜻하지만 포함하고 있는 범위가 서로 다릅니다.
我们(우리) : 말하는 사람 쪽만 가리킴 ↔ 你们
咱们(우리) : 말하는 사람과 듣는 사람을 모두 포함함 ↔ 他们

단어

模特儿 mótèr 모델 | 运动员 yùndòngyuán 운동선수 | 那 nà 저, 저것 | 桌子 zhuōzi 책상, 탁자 | 总经理 zǒngjīnglǐ 사장 | 警察 jǐngchá 경찰 | 歌手 gēshǒu 가수

Track 30

녹음을 듣고 맞는 그림을 찾아 보세요.

1

　　A　　　　　B　　　　　C　　　　　D

2

　　A　　　　　B　　　　　C　　　　　D

3

　　A　　　　　B　　　　　C　　　　　D

4

　　A　　　　　B　　　　　C　　　　　D

Exercise 말하기

1 의문조사 '吗'를 이용하여 다음 문장을 의문문으로 만들어 보세요.

> 보기 他是学生。 → 他是学生吗?

(1) 我是老师。

(2) 他们是运动员。

(3) 这是铅笔。

(4) 那是书包。

2 그림을 보며 대화를 완성해 보세요.

(1)

(2)

Ⓐ 她是学生吗?

Ⓑ

Ⓐ 那是手机吗?

Ⓑ

 단어

铅笔 qiānbǐ 연필 | 书包 shūbāo 책가방 | 手机 shǒujī 휴대전화

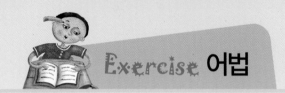

1 다음 문장을 부정문으로 만들어 보세요.

> 보기 她是歌手。 → 她不是歌手。

(1) 他们是学生。

(2) 她是金小英。

(3) 这是电话。

(4) 我是模特儿。

2 다음에서 어법에 맞는 문장을 찾아 보세요.

(1) A 是不那词典。　　　　　B 是那不词典。
　　 C 那是词典不。　　　　　D 那不是词典。

(2) A 他们是运动员吗?　　　B 他们运动员吗是?
　　 C 他们运动员是吗?　　　D 是他们运动员吗?

(3) A 那是本子不，书那是。　B 不那是本子，是那书。
　　 C 那不是本子，那是书。　D 那不本子是，那是书。

Exercise 쓰기

다음을 중국어로 써 보세요.

1 나는 학생입니다.

2 그는 모델입니까?

3 이것이 공책이 아니라, 저것이 공책입니다.

4 그는 대학생이 아니라, 회사원입니다. (公司职员)

5 그는 의사가 아니고, 간호사입니다. (医生, 护士)

公司职员 gōngsī zhíyuán 회사원 ∣ 医生 yīshēng 의사 ∣ 护士 hùshi 간호사

나라 이름

韩国 Hánguó 한국

中国 Zhōngguó 중국

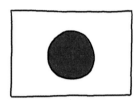

日本 Rìběn 일본

美国 Měiguó 미국

英国 Yīngguó 영국

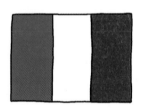

法国 Fǎguó 프랑스

德国 Déguó 독일

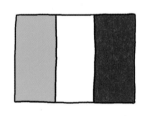

意大利 Yìdàlì 이탈리아

加拿大 Jiānádà 캐나다

PART
06

你是哪国人?

당신은 어느 나라 사람입니까?

학습목표

1 의문사 의문문을 배웁니다.

2 관형어의 개념과 역할, 그리고 문장에서 어떻게 쓰이는지 알아봅니다.

기본호호

Track 32

01

A : 你是哪国人?
Nǐ shì nǎ guó rén?

B : 我是韩国人。
Wǒ shì Hánguó rén.

02

A : 他是谁?
Tā shì shéi?

B : 他是我的朋友。
Tā shì wǒ de péngyou.

03

A : 这是什么书?
Zhè shì shénme shū?

B : 这是汉语书。
Zhè shì Hànyǔ shū.

 단어

哪国 nǎ guó 어느 나라 ㅣ 韩国人 Hánguó rén 한국인 ㅣ 谁 shéi 누구 ㅣ 朋友 péngyou 친구 ㅣ 汉语 Hànyǔ 중국어

상황 호1호ㅏ

Track 33

▶ 이민이 빠트린 서류를 가지고 온 동생 이나는 김소영을 보고 그녀에 대해 묻는다.

李娜	她是谁？ Tā shì shéi?
李珉	谁？她？她是金小英。 Shéi? Tā? Tā shì Jīn Xiǎoyīng.
李娜	她是你(的)同事吗？ Tā shì nǐ de tóngshì ma?
李珉	是，她是我(的)同事。 Shì, tā shì wǒ (de) tóngshì.
李娜	她是日本人吗？ Tā shì Rìběn rén ma?
李珉	她不是日本人。 Tā bú shì Rìběn rén.
李娜	那么，她是哪国人？ Nàme, tā shì nǎ guó rén?
李珉	她是韩国人。 Tā shì Hánguó rén.

 단어

同事 tóngshì 회사 동료 ｜ 日本人 Rìběn rén 일본인

어법배우기

1 의문사 의문문

일반적으로 의문문을 만들 때는 문장 끝에 '吗'를 사용합니다. 하지만 의문대명사가 있는 경우에는 '吗'를 쓸 수 없습니다.

· 사람을 물을 때 　　谁　　　她是谁? Tā shì shéi?

· 사물을 물을 때 　　什么　　这是什么? Zhè shì shénme?

· 장소를 물을 때 　　哪儿　　你去哪儿? Nǐ qù nǎr?

· 날짜를 물을 때 　　几　　　今天几月几号? Jīntiān jǐ yuè jǐ hào?

· 가격을 물을 때 　　多少　　这个多少钱? Zhè ge duōshao qián?

2 관형어

중국어 문장을 구성하는 성분 가운데 주어나 목적어를 수식하는 성분을 '관형어'라고 합니다.

· 我爷爷是医生。 　　Wǒ yéye shì yīshēng.

· 李老师是他们的老师。 Lǐ lǎoshī shì tāmen de lǎoshī.

· 那是谁的本子? Nà shì shéi de běnzi?

▶ 관형어는 중국어로 '定语dìngyǔ'라고 합니다.

3 구조조사 的

명사나 대명사가 관형어로 쓰여 소속 관계를 나타낼 때, 관형어 뒤에 '的'를 써줍니다.

· 前边的同学叫什么名字？ Qiánbiān de tóngxué jiào shénme míngzi?

· 这是我的书。 Zhè shì wǒ de shū.

대명사가 가족, 친척, 친구, 내가 속한 단체 등을 수식할 때는 '的'를 생략할 수 있습니다.

· 她是我(的)妈妈。 Tā shì wǒ (de) māma.

· 他是我(的)丈夫。 Tā shì wǒ (de) zhàngfu.

· 他是我(的)朋友。 Tā shì wǒ (de) péngyou.

▶ 구조조사란 어법 관계에 쓰이는 조사를 말합니다.

爷爷 yéye 할아버지 | 医生 yīshēng 의사 | 前边 qiánbiān 앞, 앞쪽 | 同学 tóngxué 같은 반 친구 | 妈妈 māma 엄마 | 丈夫 zhàngfu 남편

Track 34

녹음을 잘 듣고 맞는 그림을 찾아 보세요.

1

A   B   C   D

2

A   B   C   D

3

A   B   C   D

4

A   B   C   D

1 주어진 의문대명사를 이용하여 다음 문장을 의문문으로 만들어 보세요.

> 보기 这是周老师的汉语书。→ 这是谁的汉语书?

(1) 我去学校。(哪儿)

(2) 今天八月八号。(几)

(3) 她是我妹妹。(谁)

(4) 他是美国人。(哪)

(5) 这是汉语书。(什么)

2 그림을 보며 대화를 완성해 보세요.

(1)

Ⓐ

Ⓑ 她是我妈妈。

(2)

Ⓐ

Ⓑ 他是中国人。

学校 xuéxiào 학교 ┃ 妹妹 mèimei 여동생 ┃ 美国人 Měiguó rén 미국인 ┃ 中国人 Zhōngguó rén 중국인

문법에 맞는 문장을 찾아 보세요.

1 A 他不韩国人是。   B 他不是韩国人。

   C 韩国人是不他。   D 韩国人他不是。

2 A 谁是你们的老师?   B 谁你们的是老师?

   C 你们谁是的老师?   D 谁们是你的老师?

3 A 是谁这的本子?   B 谁的本子这是?

   C 这是谁的本子?   D 这是谁本子的?

4 A 我是那妹妹的汉语书。   B 那是我妹妹汉语书的。

   C 我妹妹那是的汉语书。   D 那是我妹妹的汉语书。

5 A 老师是你们的中国人吗?   B 你们的老师是中国人吗?

   C 你们的中国人老师是吗?   D 中国人老师你们的是吗?

다음을 중국어로 써 보세요.

1 내 친구는 중국인입니다.

2 이것은 내 책이 아니라, 내 남동생 책입니다. (弟弟)

3 그는 어느 나라 사람입니까?

4 그녀는 프랑스 사람입니다. (法国人)

5 저것은 무슨 책입니까?

6 그는 미국인이 아니고, 영국인입니다. (英国人)

 단어

弟弟 dìdi 남동생 │ 法国人 Fǎguó rén 프랑스인 │ 英国人 Yīngguó rén 영국인

Travel in Beijing

베이징의 쇼핑 명소는 어디일까?

베이징의 주요 쇼핑 명소는 왕푸징(王府井)과 둥단(东单), 둥쓰(东四), 시단(西单), 시쓰(西四), 그리고 첸먼(前门)의 다자란(大栅栏) 등이다.

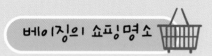

왕푸징(王府井, 왕부정)

톈안먼 동쪽의 왕푸징은 유명한 상점들과 현대적인 백화점이 집중된 쇼핑 명소로서, 서울의 명동과 같은 곳이다. 최근에는 810m의 거리를 보행 구역으로 지정해서 차량 통행을 금지하고 90만m² 넓이의 둥팡 광창(东方广场)을 만드는 등의 대대적인 정비를 실시하였다.

신둥안 스창(新东安市场) 앞길에는 베이징의 옛 모습을 재현한 동상이 여러 개 세워져 있어서 관광객들이 기념 촬영을 하기 좋다. 최근에는 이 맞은편에 단숨에 지상 20m 높이까지 치솟아 오르는 역(逆)번지점프가 등장해 젊은이들을 끌어들이고 있다. 밤이면 야시장이 열리고 온갖 간식거리를 파는 노점상들이 거리를 메운다. 저녁 때쯤 왕푸징에 와서 쇼핑을 하고 야시장에서 특이한 먹거리들을 맛보는 것은 이제 배낭여행족들의 필수 코스가 되다시피 했다.

류리창(琉璃厂, 유리창)

서울의 인사동처럼 값비싼 골동품과 서화부터 값싼 기념품까지 살 수 있는 거리다. 상점 건물들도 전부 고풍스러운 외관을 하고 있어서 관광 코스로도 각광받고 있다.

첸먼(前门, 전문)

왕푸징과 둥단, 시단에 대형 백화점이 몰려 있다면, 첸먼의 다자란(大栅栏)에는 의류 등을 싸게 파는 작은 가게들이 몰려있어서 보다 소박하고 아기자기한 쇼핑을 할 수 있다. 또한 카오야 전문점인 취안쥐더(全聚德)나 상하이 요리 전문점 라오정싱(老正兴), 약국인 퉁런탕(同仁堂) 등 전통을 자랑하는 유명한 상점과 식당들이 즐비하다.

▶ 첸먼 다자란(大栅栏)

훙차오 스창(红桥市场, 훙교시장)

일반 시장물품과 함께 중국 전통 공예품이나 기념품 등을 판매하는 곳으로 가격이 저렴하다. 4층에는 보석상이 모여 있는데, 중국은 진주값이 매우 싸서 한국인들이 많이 사지만 품질이 떨어지는 경우가 많으니 주의해야 한다.

중관춘 뎬나오청(中关村电脑城, 중관춘전자상가)

컴퓨터와 전자제품을 싸게 살 수 있는 전자 상가다. 중문 윈도우나 중국어 워드프로그램 등의 소프트웨어를 사기 좋다.

중관춘 ◀

가계도

할아버지	할머니		외할아버지	외할머니

爷爷 yéye   **奶奶** nǎinai   **姥爷** lǎoye   **姥姥** lǎolao

고모	아빠	삼촌	이모	엄마	외삼촌

姑姑 gūgu   **爸爸** bàba   **叔叔** shūshu   **姨妈** yímā   **妈妈** māma   **舅舅** jiùjiu

형/오빠	누나/언니	나	남동생	여동생

哥哥 gēge   **姐姐** jiějie   **我** wǒ   **弟弟** dìdi   **妹妹** mèimei

我有妹妹。

난 여동생이 있습니다.

학습목표

1 가족 관계와 호칭을 중국어로 배워봅니다.

2 동사 '有'에 대해서 확실하게 익힙니다.

3 양사를 확실히 이해하고 기본 양사를 익힙니다.

기본회화

Track 36

 01

A : 你有弟弟吗?
　　Nǐ yǒu dìdi ma?

B : 我没有弟弟，我只有妹妹。
　　Wǒ méiyǒu dìdi, wǒ zhǐ yǒu mèimei.

02

A : 你家有几口人?
　　Nǐ jiā yǒu jǐ kǒu rén?

B : 我家有三口人。
　　Wǒ jiā yǒu sān kǒu rén.

03

A : 你家有什么人?
　　Nǐ jiā yǒu shénme rén?

B : 我家有爸爸、妈妈和我。
　　Wǒ jiā yǒu bàba, māma hé wǒ.

有 yǒu ~가 있다 │ 没有 méiyǒu ~이 없다 │ 弟弟 dìdi 남동생 │ 只 zhǐ 단지, 다만 │ 妹妹 mèimei 여동생 │ 家 jiā 집 │ 几 jǐ 몇(10 이하의 숫자를 물을 때) │ 口 kǒu 명(식구를 세는 양사) │ 爸爸 bàba 아빠

상황 호ㅣ화

Track 37

▸ 김소영은 자신의 사무실에 온 이민에게 이것저것 꼬치꼬치 물어보며 호구조사에 들어간다. 눈치가 둔한 이민은 열심히 대답하고 있다.

金小英　你家有几口人?
　　　　Nǐ jiā yǒu jǐ kǒu rén?

李珉　　我家有四口人。
　　　　Wǒ jiā yǒu sì kǒu rén.

金小英　你家有什么人?
　　　　Nǐ jiā yǒu shénme rén?

李珉　　我家有爸爸、妈妈、妹妹和我。
　　　　Wǒ jiā yǒu bàba, māma, mèimei hé wǒ.

金小英　你妹妹也是公司职员吗?
　　　　Nǐ mèimei yě shì gōngsī zhíyuán ma?

李珉　　不, 她不是公司职员, 她是大学生。
　　　　Bù, tā bú shì gōngsī zhíyuán, tā shì dàxuéshēng.

 단어

公司职员 gōngsī zhíyuán 회사원 ｜ 大学生 dàxuéshēng 대학생

어법배우기

1 동사 有

뭔가 소유하고 있는 것을 나타낼 때는 동사 '有'를 씁니다. '有'를 쓰는 문장의 긍정형은 'A有B(A는 B가 있다)'이고, 부정형은 'A没有B(A는 B가 없다)'입니다.

긍정형	부정형
· 我有弟弟。 Wǒ yǒu dìdi.	我没有弟弟。 Wǒ méiyǒu dìdi.
· 他有女朋友。 Tā yǒu nǚpéngyou.	他没有女朋友。 Tā méiyǒu nǚpéngyou.
· 我妹妹有手机。 Wǒ mèimei yǒu shǒujī.	我妹妹没有手机。 Wǒ mèimei méiyǒu shǒujī.

2 의문대명사 几

10 이하의 확실하지 않은 수를 물을 때는 보통 의문대명사 '几'를 씁니다.

· 你家有几口人？ Nǐ jiā yǒu jǐ kǒu rén?

· 你有几本汉语书？ Nǐ yǒu jǐ běn Hànyǔ shū?

· 你有几部手机？ Nǐ yǒu jǐ bù shǒujī?

· 你朋友有几个妹妹？ Nǐ péngyou yǒu jǐ ge mèimei?

▶ 의문대명사 '几'가 명사를 수식할 때는 반드시 '양사'를 씁니다.

3 二 / 两

숫자 2는 '二'과 '两' 두 가지로 쓸 수 있습니다.
첫째, 서수나 단독으로 쓰일 때는 '二'을 씁니다.

· 第二 dì èr 둘째   · 二月 èr yuè 2월   · 一二三… yī èr sān 1, 2, 3, …

· 今天二月二号。Jīntiān èr yuè èr hào.

둘째, 양사 앞에서는 반드시 '两'을 씁니다.

· 我有两本书。Wǒ yǒu liǎng běn shū.

· 我朋友有两个哥哥。Wǒ péngyou yǒu liǎng ge gēge.

4 양사

'양사'란 사람이나 사물의 단위를 표시하는 품사를 말합니다.

· 一本书 yī běn shū   · 一支铅笔 yī zhī qiānbǐ

· 一个苹果 yī ge píngguǒ   · 一杯茶 yī bēi chá

· 一部电影 yī bù diànyǐng

Track 38

녹음을 잘 듣고 맞는 그림을 찾아 보세요.

1

A   B   C   D

2

A   B   C   D

3 Ⓐ   Ⓑ

A   B   C   D

4 Ⓐ   Ⓑ

A   B   C   D

Exercise 말하기

1 긍정문은 부정문으로, 부정문은 긍정문으로 만들어 보세요.

(1) 我有一部手机。

(2) 他们没有电脑。

(3) 李老师只有一支圆珠笔。

2 그림을 보며 대화를 완성해 보세요.

(1)

Ⓐ

Ⓑ 我有英语书。

(2)

Ⓐ 他家有几口人?

Ⓑ

단어

电脑 diànnǎo 컴퓨터 | 圆珠笔 yuánzhūbǐ 볼펜 | 英语 Yīngyǔ 영어

Exercise 어법

다음에서 문법에 맞는 문장을 찾아 보세요.

1 A 没有我弟弟，我有妹妹。 B 我没有弟弟，我有妹妹。
      C 我有没弟弟，我有妹妹。 D 没我弟弟有，我有妹妹。

2 A 你几部有手机? B 几部有手机你?
      C 你有几部手机? D 手机几部有你?

3 A 他也有两本汉语书。 B 他两本汉语书也有。
      C 他有也两本汉语书。 D 他有两本也汉语书。

4 A 她的男朋友电脑没有。 B 她的男朋友没有电脑。
      C 她的男朋友没电脑有。 D 她的没有男朋友电脑。

5 A 你家有几部人? B 你家有几个人?
      C 你家有几本人? D 你家有几口人?

Exercise 쓰기

다음을 중국어로 써 보세요.

1 그는 휴대전화가 없습니다.

2 그 사람네 가족은 몇 명입니까?

3 당신 가족은 누구누구 있습니까?

4 당신은 중국어 책을 몇 권이나 가지고 있습니까?

5 그녀는 오빠가 몇 명입니까?

6 우리 집은 세 식구가 아니라, 두 식구뿐입니다.

음식 이름

可乐 kělè 콜라

咖啡 kāfēi 커피

茶 chá 차

牛奶 niúnǎi 우유

啤酒 píjiǔ 맥주

面包 miànbāo 식빵

比萨饼 bǐsàbǐng 피자

冰淇淋 bīngqílín 아이스크림

蛋糕 dàngāo 케이크

PART
08

你喜欢吃什么菜?

어떤 음식을 좋아하세요?

학습목표

1 동사술어문에 대해서 배웁니다.

2 부사 '也/都' 의 쓰임과 역할을 알아봅니다.

3 呢의문문을 익혀 상대방에게 물어보세요.

기본회화

Track 40

01

A: 你喜欢吃什么菜?
　　Nǐ xǐhuan chī shénme cài?

B: 我喜欢吃中国菜。
　　Wǒ xǐhuan chī Zhōngguó cài.

02

A: 你喝可乐吗?
　　Nǐ hē kělè ma?

B: 我不喝可乐, 我喝茶。
　　Wǒ bù hē kělè, wǒ hē chá.

03

A: 我喝咖啡, 你呢?
　　Wǒ hē kāfēi, nǐ ne?

B: 我也喝咖啡。
　　Wǒ yě hē kāfēi.

喜欢 xǐhuan 좋아하다 | 吃 chī 먹다 | 菜 cài 반찬, 음식 | 喝 hē 마시다 | 可乐 kělè 콜라 | 茶 chá 차 |
咖啡 kāfēi 커피

상황 회화

▸▸ 휴게실에서 왕명과 김소영이 대화를 나누고 있다. 왕명이 김소영에게 작업을 개시하는데….

王明
你喝可乐吗?
Nǐ hē kělè ma?

金小英
我不喝可乐，我喝咖啡。
Wǒ bù hē kělè, wǒ hē kāfēi

王明
你喜欢吃什么?
Nǐ xǐhuan chī shénme?

金小英
我喜欢吃面条，你呢?
Wǒ xǐhuan chī miàntiáo, nǐ ne?

王明
我也喜欢吃面条。
Wǒ yě xǐhuan chī miàntiáo.

金小英
但今天我想吃比萨饼。
Dàn jīntiān wǒ xiǎng chī bǐsàbǐng.

王明
今晚我请客。
Jīnwǎn wǒ qǐng kè.

 단어

面条 miàntiáo 국수 ｜ 想 xiǎng ~하고 싶다 ｜ 比萨饼 bǐsàbǐng 피자 ｜ 今晚 jīnwǎn ~오늘 저녁 ｜ 请客 qǐng kè 손님을 초대하다, 한턱내다

어법배우기

1 동사술어문

동사가 술어가 되는 문장을 '동사술어문'이라 합니다. 동사술어문의 부정형은 'A + 不/没 (有) + 동사 + 목적어'가 됩니다.

긍정문	부정문
· 我去学校。 Wǒ qù xuéxiào.	我不去学校。 Wǒ bú qù xuéxiào.
· 他看电影。 Tā kàn diànyǐng.	他不看电影。 Tā bú kàn diànyǐng.
· 我叫金小英。 Wǒ jiào Jīn Xiǎoyīng.	我不叫金小英。 Wǒ bú jiào Jīn Xiǎoyīng.
· 他家有四口人。 Tā jiā yǒu sì kǒu rén.	他家不是四口人。 Tā jiā bú shì sì kǒu rén.

2 부사 也/都

'也'와 '都'는 부사로서, 부사어 역할을 합니다. '也'는 주어나 목적어 모두를 가리킬 수 있으나, '都'는 '都' 앞에 나타나는 것만을 가리킵니다.

· 我学汉语, 他也学汉语。 Wǒ xué Hànyǔ, tā yě xué Hànyǔ.

· 我学汉语, 也学英语。 Wǒ xué Hànyǔ, yě xué Yīngyǔ.

· 我们都去图书馆。 Wǒmen dōu qù túshūguǎn.

· 我们也都去图书馆。 Wǒmen yě dōu qù túshūguǎn.

3 呢 의문문

상대방의 의향이나 사람·사물의 상태를 물을 때 많이 씁니다.

· 我去公司，你呢? Wǒ qù gōngsī, nǐ ne?　　　　의향

· 你看电影，他呢? Nǐ kàn diànyǐng, tā ne?　　　의향

· A : 你妈妈呢? Nǐ māma ne?　　　　　　　　　상태

  B : 我妈妈看电视。Wǒ māma kàn diànshì.

学校 xuéxiào 학교 | 图书馆 túshūguǎn 도서관 | 公司 gōngsī 회사 | 看电影 kàn diànyǐng 영화를 보다 | 看电视 kàn diànshì TV를 보다

Track 42

녹음 내용을 잘 듣고 맞는 그림을 찾아 보세요.

1

A   B   C   D

2 Ⓐ   Ⓑ

Q：男的去哪儿?

A   B   C   D

3 Ⓐ   Ⓑ

Q：女的喝什么?

A   B   C   D

1 다음 문장에서 주어진 부사를 알맞은 자리에 넣어 보세요.

(1) 他看书。(也)

(2) 我去教堂, 他去教堂。(也)

(3) 我学汉语, 学英语。(也)

(4) 我们去医院。(也, 都)

2 그림을 보며 대화를 완성해 보세요.

(1)

(2)

 你喝什么?

Ⓐ 你喝什么?

Ⓑ

Ⓐ 他做什么?

Ⓑ

教堂 jiàotáng 교회당, 예배당 ㅣ 医院 yīyuàn 병원 ㅣ 做 zuò ~을 하다

Exercise 어법

다음에서 문법에 맞는 문장을 찾아 보세요.

1   A 我朋友不吃饭。   B 我不朋友吃饭。
    C 朋友不吃饭我。   D 我不吃饭朋友。

2   A 我们都也去学校。   B 我们也都去学校。
    C 我们也去都学校。   D 我们也去学校都。

3   A 我喜欢去公司爸爸。   B 我爸爸公司喜欢去。
    C 我爸爸喜欢去公司。   D 我喜欢爸爸公司去。

4   A 他们不也都喝茶。   B 他们都不也喝茶。
    C 他们也都不喝茶。   D 他们都也不喝茶。

5   A 我家是不五口人。   B 我是五口不家人。
    C 五口人家我是不。   D 我家不是五口人。

다음을 중국어로 써 보세요.

1 나는 커피 안 마시고 차 마실래.

2 당신은 어느 나라 음식을 좋아합니까?

3 내 여동생은 우유 마시는 것을 좋아합니다. (牛奶)

4 그녀는 영화를 봅니다.

5 나는 중국어도 배우고, 일어도 배웁니다. (日语)

6 우리 집 식구는 일곱 명입니다.

牛奶 niúnǎi 우유 | 日语 Rìyǔ 일본어

Travel in Beijing

베이징의 대표 먹거리는 뭐가 있을까?

중국이 요리의 천국인 만큼 그 수도인 베이징은 먹을 것이 넘쳐난다. 그중 카오야(烤鸭)나 솬양러우(涮羊肉) 등은 전국적으로 명성을 떨치고 있는 대표 요리라고 할 수 있다.

또한 왕푸징(王府井)이나 둥안먼(东安门) 대로, 룽푸(隆福) 빌딩 북쪽 등의 거리에서는 다양한 먹거리를 파는 노점상들이 모이는 야시장이 열린다. 낮에 관광을 마치고 밤에 잠시 야시장에 들러서 떠들썩한 야시장 풍경도 구경하고 온갖 희한한 먹거리들을 맛보는 것도 재미있는 경험이 될 것이다. 단, 위생 상태는 장담할 수 없다.

베이징의 먹거리

카오야 (烤鸭, 오리구이)

카오야는 'Beijing duck'이라는 명칭으로 해외에도 많이 알려져 있는 베이징의 대표 요리다. 통째로 구워낸 오리의 껍질과 살을 적당히 썰어서 내놓는데, 이것을 양념장에 찍어서 얇게 부친 전병에 싸서 먹는다. 카오야는 기름기가 많아서 우리 입맛에는 너무 느끼하게 느껴지므로 야채를 듬뿍 넣고 전병에 싸 먹는 것이 요령이다. 보통 1마리에 100위안 안팎인데, 4~5명이 먹을 수 있는 분량이다. 베이징에는 카오야 식당이 무수히 많지만 '취안쥐더(全聚德)'가 가장 유명하다. 140년 역사를 자랑하는 취안쥐더 본점은 첸먼(前门)에 있으며 허핑먼(和平门)과 왕푸징(王府井)에도 지점이 있다.

▲ 카오야

솬양러우 (涮羊肉, 양고기 샤브샤브)

솬양러우는 얇게 썬 양고기를 끓는 국물에 넣고 흔들어서 살짝 데쳐 먹는 일종의 샤브샤브 요리다. 양고기가 입맛에 맞는 사람이라면 국물맛이 살짝 밴 신선한 양고기를 마음에 들어할 것이다. 가장 유명한 솬양러우 식당은 '둥라이순(东来顺)'이다.

▲ 솬양러우

샤오츠(小吃, 간식거리)

샤오츠는 과자나 떡 같은 군것질거리부터 간단히 한 끼를 때울 수 있는 국수나 만두 종류, 꼬치구이까지를 포괄하는 대중적인 먹거리를 말한다.

베이징 사람들이 아침 식사 대용으로 먹는 여우탸오(油条)나 바오쯔(包子), 양고기 꼬치구이인 양러우촨(羊肉串) 등은 한국인들에게도 인기 있는 먹거리이며, 아이들은 새빨간 산사 열매를 꼬치에 꿰어 달디단 빙당을 입힌 탕후루(糖葫芦)라는 것을 즐겨 먹는다.

▲ 꼬치 1

▲ 꼬치 2

▲ 양러우촨

▲ 만터우

▲ 여우탸오

▲ 빠오즈

memo

他在哪儿工作?

그는 어디에서 근무하죠?

학습목표

1 '在' 의 의미와 역할을 확실하게 익힙니다.

2 의문사 '哪儿' 을 사용하여 중국어 문장을 반복 연습합니다.

Track 43

A : 你在哪儿?
   Nǐ zài nǎr?

B : 我在公司。
   Wǒ zài gōngsī.

A : 你在家做什么?
   Nǐ zài jiā zuò shénme?

B : 我在家看电视。
   Wǒ zài jiā kàn diànshì.

A : 他在哪儿工作?
   Tā zài nǎr gōngzuò?

B : 他在医院工作。
   Tā zài yīyuàn gōngzuò.

 단어

在 zài ❶~에 있다 ❷~에서 | 公司 gōngsī 회사 | 工作 gōngzuò 일하다 | 医院 yīyuàn 병원 | 做 zuò ~을 하다

상황 호화

▸ 김소영은 이민에게 본격적으로 관심을 보이기 시작한다. 오늘은 첫 번째 단계인 호구조사 시작~~

金小英　李珉，你家在哪儿？
　　　　　Lǐ Mín, Nǐ jiā zài nǎr?

李珉　　我家在首尔。
　　　　Wǒ jiā zài Shǒu'ěr.

金小英　你爸爸在哪儿工作？
　　　　Nǐ bàba zài nǎr gōngzuò?

李珉　　他在银行工作。
　　　　Tā zài yínháng gōngzuò.

金小英　你妈妈做什么工作？
　　　　Nǐ māma zuò shénme gōngzuò?

李珉　　我妈妈不工作，
　　　　Wǒ māma bù gōngzuò,

　　　　她是家庭主妇。
　　　　tā shì jiātíng zhǔfù.

首尔 Shǒu'ěr 서울(지명) ｜ 银行 yínháng 은행 ｜ 家庭主妇 jiātíng zhǔfù 가정 주부

어법배우기

1 在

'在'가 '동사'로 쓰이면 '~에 있다'라는 뜻이 되고, '개사'로 쓰이면 '~에서'라는 뜻이 됩니다.

동사로 쓰일 때	개사로 쓰일 때
· 我在家。Wǒ zài jiā.	我在家看书。Wǒ zài jiā kàn shū.
· 他在公司。Tā zài gōngsī.	他在公司工作。Tā zài gōngsī gōngzuò.

동사 '在'는 장소목적어만을 동반할 수 있습니다. 그래서 뒤에 사람을 나타내는 단어가 올 경우, 이를 장소화시켜 줍니다.

주어＋在＋사람을 나타내는 명사＋这儿/那儿

· 他在朋友那儿。Tā zài péngyou nàr.

· 你的书在我这儿。Nǐ de shū zài wǒ zhèr.

· 李珉去他妹妹那儿。Lǐ Mín qù tā mèimei nàr.

· 金小英来我们这儿。Jīn Xiǎoyīng lái wǒmen zhèr.

'在'가 동사나 개사로 쓰였을 경우의 부정형은 같습니다. '在' 앞에 부정부사 '不'를 붙여 줍니다.

주어＋不＋在＋…

· 我不在家。Wǒ bú zài jiā.

· 她不在朋友那儿玩儿。Tā bú zài péngyou nàr wánr.

2 의문사 哪儿

장소를 묻은 의문문에는 의문사 '哪儿'을 씁니다.

· 他在哪儿? Tā zài nǎr?

· 你去哪儿? Nǐ qù nǎr?

· 你朋友在哪儿工作? Nǐ péngyou zài nǎr gōngzuò?

같은 뜻으로 '什么地方 shénme dìfang'을 쓰기도 합니다.

· 这是什么地方? Zhè shì shénme dìfang?

看书 kàn shū 독서하다, 책을 읽다 | 玩儿 wánr 놀다 | 地方 dìfang 곳, 장소(공간의 일부분)

Track 45

녹음을 잘 듣고 맞는 그림을 찾아 보세요.

1 Ⓐ _____ Ⓑ _____

A   B   C   D

2 Ⓐ _____ Ⓑ _____

A   B   C   D

3 Ⓐ _____ Ⓑ _____

A   B   C   D

그림을 보며 대화를 완성해 보세요.

(1)

Ⓐ 你哥哥在哪儿?

Ⓑ

(2)

Ⓐ

Ⓑ 李娜在公园。

(3)

Ⓐ 韩老师在书店做什么?

Ⓑ

(4)

Ⓐ 李珉在家做什么?

Ⓑ

(吃饭)

단어

公园 gōngyuán 공원 ｜ 书店 shūdiàn 서점 ｜ 吃饭 chīfàn 밥을 먹다, 식사하다

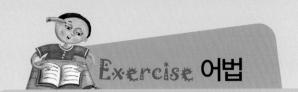

1 다음 문장을 부정형으로 만들어 보세요.

(1) 他在公园。

(2) 你的书包在我这儿。

(3) 她在家休息。

(4) 她在图书馆看书。

2 문법에 맞는 것을 찾아 보세요.

(1) A. 金小英朋友在那儿。   B. 金小英朋友那儿在。
　　C. 金小英在朋友那儿。   D. 金小英那儿在朋友。

(2) A. 他叔叔公司在工作。   B. 他叔叔在公司工作。
　　C. 他叔叔在工作公司。   D. 他公司在叔叔工作。

(3) A. 妈妈做你工作什么?   B. 你妈妈什么工作做?
　　C. 什么工作你妈妈做?   D. 你妈妈做什么工作?

다음을 중국어로 써 보세요.

1 그는 어디에 있습니까?

2 그의 여동생은 당신 있는 곳에서 무엇을 합니까?

3 내 남동생은 서점에서 잡지를 삽니다. (买, 杂志)

4 당신 할아버지는 무슨 일을 하십니까? (爷爷)

5 내 남동생은 도서관에 있는 것이 아니라, 학교에 있습니다.

买 mǎi 사다 | 杂志 zázhì 잡지 | 爷爷 yéye 할아버지

교통 수단

(汽)车 (qì)chē 자동차　公共汽车 gōnggòng qìchē 버스　地铁 dìtiě 지하철

出租(汽)车 chūzū (qì)chē 택시　自行车 zìxíngchē 자전거　摩托车 mótuōchē 오토바이

船 chuán 배　飞机 fēijī 비행기　火车 huǒchē 기차

PART
10

你有没有车?
당신은 차가 있습니까?

학습목표

1 반복의문문과 선택의문문을 알아봅니다.
2 교통수단 명칭을 익힙니다.

Track 47

01

A : 你有没有车?
　　Nǐ yǒu méi yǒu chē?

B : 我有一辆越野车。
　　Wǒ yǒu yí liàng yuèyěchē.

02

A : 这辆自行车是你的还是他的?
　　Zhè liàng zìxíngchē shì nǐ de háishi tā de?

B : 是我的。
　　Shì wǒ de.

03

A : 他的摩托车是什么颜色的?
　　Tā de mótuōchē shì shénme yánsè de?

B : 他的摩托车是黑的。
　　Tā de mótuōchē shì hēi de.

 단어

车 chē 자동차 | 辆 liàng 대, 량(차량을 세는 단위) | 越野车 yuèyěchē SUV자동차, 지프차 | 还是 háishi 아
니면, 또는 | 自行车 zìxíngchē 자전거 | 摩托车 mótuōchē 오토바이 | 颜色 yánsè 색 | 黑 hēi 검다

상황 회화

▶ 김소영과 왕명은 저녁을 먹으러 가기 위해 주차장으로 오면서 서로의 차에 대해 얘기를 나눈다.

金小英
王明，这辆车是你的还是李珉的？
Wáng Míng, zhè liàng chē shì nǐ de háishi Lǐ Mín de?

王明
是李珉的。
Shì Lǐ Mín de.

金小英
那你有没有车？
Nà nǐ yǒu méiyǒu chē?

王明
我没有车，我有一辆摩托车。
Wǒ méiyǒu chē, wǒ yǒu yí liàng mótuōchē.

金小英
你的摩托车是什么牌子的？
Nǐ de mótuōchē shì shénme páizi de?

王明
哈雷戴维森。
Hā léi dài wéi sēn.

金小英
哇，太棒了！
Wā, tài bàng le!

牌子 páizi 브랜드, 상표 │ 哈雷戴维森 Hāléi-dàiwéisēn Harley-Davidson │ 棒 bàng 대단하다

117

1 반복의문문

반복의문문은 술어의 긍정형과 부정형을 병렬시켜 만듭니다. 해석은 '吗 의문문' 처럼 해도 상관없습니다. 대답하는 사람은 '긍정'과 '부정' 중 하나를 선택합니다.

· 你朋友有没有汉语书? Nǐ péngyou yǒu méiyǒu Hànyǔ shū?

· 你是不是中国人? Nǐ shì bu shì Zhōngguó rén?

· 她在不在公司? Tā zài bu zài gōngsī?

'是不是'와 '有没有'의 반복의문문은 다음과 같이 쓸 수도 있습니다.

· 你是中国人不是? Nǐ shì Zhōngguó rén bú shì?

· 你朋友有汉语书没有? Nǐ péngyou yǒu Hànyǔ shū méiyǒu?

2 선택의문문

선택의문문은 접속사 '还是'를 써서, 대답하는 사람으로 하여금 둘 중의 하나를 선택하게 하는 의문문입니다.

· A : 你去还是他去? Nǐ qù háishi tā qù?

  B : 他去。 Tā qù.

· A : 他在家还是在学校? Tā zài jiā háishi zài xuéxiào?

  B : 他在学校。 Tā zài xuéxiào.

'是'를 쓰는 문장의 선택의문문에서는 '还是' 뒤에 '是'를 중복해서 쓰지 않습니다.

· 那本词典是你的还是他的? Nà běn cídiǎn shì nǐ de háishi tā de?

  那本词典是你的还是是他的?(×)

3 的자 구조

명사·인칭대명사·형용사 뒤에 '的'를 붙이면 '的'자 구조가 됩니다. 이때, '的'자 구조는 '~의 것'이라는 뜻을 갖는 '명사형'이 됩니다.

· 那支钢笔是我的。 Nà zhī gāngbǐ shì wǒ de. (我的 = 我的钢笔)

   那支钢笔不是我的, 是老师的。 Nà zhī gāngbǐ bú shì wǒ de, shì lǎoshī de.

· 红的是我的毛衣。 Hóng de shì wǒ de máoyī. (红的 = 红的毛衣)

   红的不是我的毛衣, 是我妹妹的。 Hóng de bú shì wǒ de máoyī, shì wǒ mèimei de.

汉语 Hànyǔ 중국어 | 词典 cídiǎn 사전 | 钢笔 gāngbǐ 만년필 | 毛衣 máoyī 스웨터

Track 49

녹음을 잘 듣고 맞는 그림을 찾아 보세요.

1 Ⓐ _____ Ⓑ _____

A   B   C   D

2 Ⓐ _____ Ⓑ _____

A   B   C   D

3 Ⓐ _____ Ⓑ _____

Q : 今天男的去哪儿?

A   B   C   D

1 다음 문장을 반복의문문으로 말해 보세요.

(1) 我有电脑。

(2) 他去学校。

(3) 她是中国人。

2 그림을 보며 대화를 완성해 보세요.

（1）

Ⓐ 他的大衣是黄的还是蓝的?

Ⓑ

（2）

Ⓐ 她在公园玩儿还是运动?

Ⓑ

电脑 diànnǎo 컴퓨터 | 大衣 dàyī 외투 | 黄 huáng 노랗다 | 蓝 lán 파랗다 | 玩儿 wánr 놀다 | 运动 yùndòng 운동하다

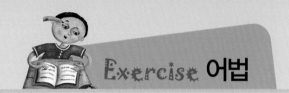

1 괄호 안의 단어를 넣어 다음 문장을 선택의문문으로 만들어 보세요.

(1) 他是老师。(学生)

(2) 我的自行车是新的。(旧的)

(3) 我的摩托车是黑的。(白的)

(4) 她在学校。(图书馆)

2 문법에 맞는 것을 찾아 보세요.

(1) A. 我的妹妹毛衣不是红的。　B. 我妹妹的毛衣不是红的。
　　C. 我妹妹毛衣的不是红的。　D. 我妹妹的毛衣是不红的。

(2) A. 这本书是也王明的。　B. 这书本也是王明的。
　　C. 这本书也是王明的。　D. 这本书的也是王明。

(3) A. 他的毛衣是什么颜色的?　B. 他的是什么颜色毛衣的?
　　C. 他的毛衣是颜色什么的?　D. 他的是什么毛衣颜色的?

다음을 중국어로 써 보세요.

1 내 차는 빨간색입니다.

2 이 지갑은 당신 것입니까, 그의 것입니까? (钱包)

3 이 선생님의 스웨터는 무슨 색입니까?

4 당신 자전거는 새 것입니까? (新)

5 당신은 중국 사람입니까? (是, 不是)

6 이 책은 그의 것이 아니라, 그의 여동생 것입니다

 단어

旧 jiù 오래되다 | 白 bái 하얗다 | 钱包 qiánbāo 지갑 | 颜色 yánsè 색깔 | 新 xīn 새롭다

Travel •in Shanghai

상하이는 어떤 곳일까?

상하이는 중국 대륙 해안선 중부의 양쯔강 입구에 위치한 중국 최고의 공업 기지이자 최대의 무역 항구이며 최대의 상업 도시다.

상하이는 비교적 역사가 짧고 19세기 이전에는 거의 주목을 받지 못했으나, 청나라 말기 외국 열강의 조계지가 되면서부터 대도시로 성장하기 시작했다. 특히 1980년대 이후 개혁 개방의 물결을 가장 먼저 맞이한 도시로서, 자본주의적 경제 발전이나 소득 수준면에서 타의 추종을 불허한다. 이런 역사적 배경을 갖고 있는 상하이 사람들은 타고난 상인이라고 해도 좋을 만큼 이재(理財)에 밝고 자부심이 강한 것으로 유명하다.

상하이는 유명한 유적이나 명승지가 별로 없지만, 고층 빌딩숲과 반짝거리는 불빛들로 '동방의 보배'라는 세계적 명성을 얻고 있다. 아직도 곳곳에 남아 있는 낡은 건물들과 좁고 구불구불한 길 틈새로 치솟은 현대적인 빌딩들은 발전하는 상하이의 오늘을 말해주며, 특히 초고층 건물이 즐비한 푸둥(浦东)의 신시가지는 관광객들에게 깊은 인상을 남긴다.

상하이의 기후는 아열대에 속하지만 사계절은 분명한 편이다. 봄은 날씨는 따뜻하지만 기후 변화가 심한 편이며, 여름은 습도가 높고 때때로 40℃에 육박할 만큼 덥다. 겨울은 평균 기온이 3℃를 기록할 정도로 수은주가 내려가며 눈은 거의 오지 않고 이슬비만 자주 내린다. 따라서 여행하기에 가장 좋은 시기는 봄과 가을이다.

상하이 시내의 볼거리

와이탄(外滩, 외탄)

와이탄은 황푸장(黄浦江) 서쪽 기슭 중에서 북쪽의 와이바이두차오(外白渡桥)부터 남쪽의 진링난루(金陵南路)까지 약 1.5km에 이르는 구역을 가리킨다. 이곳은 과거 상하이가 서양 열강의 조계지였을 때 지어진 50여 채의 유럽풍 석조 건물들이 있는데, 각기 다른 건축 양식에 따라 지어졌기 때문에 '만국 건축 박물관'이라 불리기도 한다. 그 중에서도 고대 그리스식의 원형 지붕 건물인 후이펑 다러우(汇丰大楼)가 가장 유명하다.

와이탄의 거리를 걸으면서 한쪽으로는 각종 건축물을, 다른 한쪽으로는 아름다운 황푸장 풍경과 강 건너 푸둥(浦东)의 전경을 감상할 수 있으며, 밤이면 건물마다 색색의 조명을 밝혀서 화려한 야경이 볼 만하다.

▶ 와이탄(外滩) 야경

둥팡밍주 광보뎬스타(东方明珠广播电视塔, 동방명주 TV송신탑)

와이탄에서 강 건너의 푸둥(浦东) 쪽을 바라보면 독특한 모양의 탑이 솟아 있는 것이 보이는데, 이것이 바로 상하이의 상징인 둥팡밍주다.

이 탑의 높이는 468m로 세계에서는 세 번째로 높고, 아시아에서는 가장 높은 탑이다. 탑의 밑 부분은 홀과 쇼핑센터로 이루어져 있으며, 그 위에 차례대로 2개의 공 모양 구조물과 우주선실(太空舱)이 있다. 아래쪽의 공 모양 구조물은 지름이 50m가량이며, 높이 98m인 곳에 밖의 경치를 내다볼 수 있는 관광 통로가 있다. 위쪽의 구조물은 지름이 45m이며, 높이 260m 되는 지점에 관광층이 설치되어 있으며 고공 우체국이 있어 우표 수집을 좋아하는 사람들은 이곳에서 기념 스탬프가 찍힌 우편물을 부치기도 한다. 267m 지점에는 회전식 관광 식당이 있다. 우주선실은 350m 높이에 있으며, 특별한 귀빈에게만 개방되므로 일반인은 들어갈 수 없다.

▲ 둥팡밍주

진마오 다사(金茂大厦, 금무 빌딩)

둥팡밍주(东方明珠)와 함께 신(新)상하이의 상징인 진마오 다사는 높이 420.5m로 중국에서 가장 높고, 세계에서도 세 번째로 높은 빌딩이다. 이 빌딩에는 초호화 호텔인 카이웨 판뎬(凯悦饭店, 그랜드 하얏트 호텔)이 있는데, 이곳은 세계에서 가장 높은 호텔로 기네스북에 올라 있다. 88층에는 전망실이 있어서 표를 사고 전망실로 올라가면 상하이의 전경을 한눈에 내려다볼 수 있으며, 54층에는 멋진 카페도 있다.

▲ 푸둥 야경-진마오다사와 둥팡밍주

옷의 종류

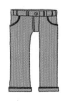

裤子 kùzi 바지

裙子 qúnzi 치마

T恤衫 Txù shān 티셔츠

牛仔裤 niúzǎikù 청바지

连衣裙 liányīqún 원피스

衬衫 chènshān 셔츠

睡衣 shuìyī 잠옷

运动服 yùndòngfú 운동복

西服 xīfú 양복

126

这件衣服很好看。

이 옷은 예뻐요.

학습목표

1 형용사술어문을 알아봅니다.

2 의문사 '怎么样'의 다양한 의미와 역할을 익힙니다.

Track 51

01

A : 这件衣服好看吗？
Zhè jiàn yīfu hǎokàn ma?

B : 这件衣服很好看。
Zhè jiàn yīfu hěn hǎokàn.

02

A : 这件T恤衫便宜吧？
Zhè jiàn T xùshān piányi ba?

B : 不，这件T恤衫有点儿贵。
Bù, zhè jiàn T xùshān yǒudiǎnr guì.

03

A : 那条裤子怎么样？
Nà tiáo kùzi zěnmeyàng?

B : 那条裤子不好看。
Nà tiáo kùzi bù hǎokàn.

件 jiàn 벌(옷을 세는 양사) | 衣服 yīfu 옷 | 好看 hǎokàn 예쁘다 | T恤衫 T xùshān 티셔츠 | 便宜 piányi 싸다 | 贵 guì 비싸다 | 条 tiáo 벌(바지를 세는 단위) | 裤子 kùzi 바지 | 怎么样 zěnmeyàng 어때?

상황 회화

Track 52

➡ 동동은 이나의 옷이 예쁘다며 칭찬을 늘어놓는다. 이에 우쭐해진 이나는 열심히 자랑을 하고 있다.

李娜 东东，这件T恤衫怎么样？
Dōngdōng, zhè jiàn T xùshān zěnmeyàng?

东东 你的T恤衫很好看。
Nǐ de T xùshān hěn hǎokàn.

李娜 那，这条裤子呢？
Nà, zhè tiáo kùzi ne?

东东 不错，贵不贵？
Bú cuò, guì bu guì?

李娜 不贵，很便宜。
Bú guì, hěn piányi.

东东 是吗？那我也想买一条。
Shì ma? Nà wǒ yě xiǎng mǎi yì tiáo.

李娜 你明天有时间，
Nǐ míngtiān yǒu shíjiān,

跟我一起去买吧。
gēn wǒ yìqǐ qù mǎi ba.

东东 好的。
Hǎo de.

 단어

不错 bú cuò 괜찮다 | 买 mǎi 사다 | 时间 shíjiān 시간 | 跟 gēn ～와 함께

1 형용사술어문

형용사가 '술어'가 되는 문장으로 사람이나 사물의 성질이나 상태를 묘사합니다.

긍정형   부정형

· 我很忙。Wǒ hěn máng.   我不太忙。Wǒ bú tài máng.

· 她很漂亮。Tā hěn piàoliang.   她不漂亮。Tā bú piàoliang.

· 这条牛仔裤很贵。   这条牛仔裤不太贵。
Zhè tiáo niúzǎikù hěn guì.   Zhè tiáo niúzǎikù bú tài guì.

형용사술어 앞에 쓰인 '很'은 해석하지 않습니다. 하지만 '很'을 제외한 다른 정도부사는 해석해 줍니다.

· 我很忙。Wǒ hěn máng. 나는 바쁩니다.

· 中国菜非常好吃。Zhōngguó cài fēicháng hǎochī. 중국 음식은 아주 맛있습니다.

2 吧 의문문

어기조사 '吧'를 써서 자신이 추측하는 바가 맞는지 상대방에게 확인할 때 쓰는 의문문입니다.

· 他是老师吧？ Tā shì lǎoshī ba?

· 这T恤衫便宜吧？ Zhè T xù shān piányi ba?

· 二十三号是星期一吧？ Èrshí sān hào shì xīngqī yī ba?

3 의문사 怎么样

'怎么样' 은 주어의 성질이나 상태를 묻거나, 상대방의 의향을 물을 때 씁니다.

· A : 这件衣服怎么样？ Zhè jiàn yīfu zěnmeyàng?   (성질)

  B : 这件衣服太贵了。 Zhè jiàn yīfu tài guì le.

· A : 他怎么样？ Tā zěnmeyàng?   (상태)

  B : 他很帅。 Tā hěn shuài.

· A : 我们去咖啡厅，怎么样？ Wǒmen qù kāfēitīng, zěnmeyàng?   (의향)

  B : 好的。 Hǎo de.

어법 플러스

주의해야 할 부사

① 很: '很(매우)' 은 형용사술어문에서는 해석하지 않아도 됩니다. 동사술어문에서는 '매우' 란 뜻이 살아납니다.
· 她很忙。 Tā hěn máng. 그녀는 바쁩니다.   (형용사술어문)
· 我很喜欢中国。 Wǒ hěn xǐhuan Zhōngguó. 나는 중국을 매우 좋아합니다.   (동사술어문)

② 太: 부사 '太' 는 주로 '太…了' 형태로 쓰여 '너무 ~하다' 의 의미를 나타냅니다.
· 太好了。 Tài hǎo le. 너무 잘 됐다.

단어

牛仔裤 niúzǎikù 청바지 ｜ 中国菜 Zhōngguócài 중국 요리 ｜ 非常 fēicháng 매우 ｜ 好吃 hǎochī 맛있다 ｜ 咖啡厅 kāfēitīng 커피숍 ｜ 帅 shuài 멋지다

Track 53

녹음을 잘 듣고 맞는 그림을 찾아 보세요.

1 Ⓐ   Ⓑ

Q : 她最喜欢哪件衣服?

A   B   C   D

2 Ⓐ   Ⓑ

Q : 谁最忙?

A   B   C   D

3 Ⓐ   Ⓑ

Q : 他们在哪儿?

A   B   C   D

1 다음 단어들을 잘 배열하여 완벽한 문장으로 말해 보세요.

(1) 帅, 他, 弟弟, 很

(2) 中国, 我们, 吃, 怎么样, 菜

(3) 很, 他, 也, 朋友, 漂亮, 女

2 의문사 '怎么样' 을 사용하여 대화를 완성해 보세요.

(1)

Ⓐ

Ⓑ 他很帅。

(2)

Ⓐ

Ⓑ 那件运动服不太好看。

단어

运动服 yùndòngfú 운동복

1 주어진 부사를 이용하여 물음에 대답해 보세요.

(1) A 这件衣服贵吗？(太…了)

   B

(2) A 你们的学校大不大？(不太…)

   B

(3) A 你妹妹漂亮不漂亮？(很…)

   B

2 문법에 맞는 것을 찾아 보세요.

(1) A. 他女朋友也很漂亮。   B. 他也女朋友很漂亮。
    C. 他女朋友很漂亮也。   D. 他很女朋友也漂亮。

(2) A. 你们的公司大大不？   B. 你们大的公司不大？
    C. 你们的公司大不大？   D. 你们的公司不大大？

(3) A. 这我妈妈的是钱包。   B. 这是我妈妈的钱包。
    C. 这是我妈妈钱包的。   D. 这是我钱包妈妈的。

다음을 중국어로 써 보세요.

1 그들은 모두 바쁩니다. (都)

2 우리 아빠는 너무 바쁘십니다. (太…了)

3 이 옷 어때요?

4 우리 학교는 그렇게 크지 않습니다.

5 이 청바지 예쁘죠?

大 dà 크다 ┃ 女朋友 nǚpéngyou 여자친구 ┃ 都 dōu 모두

신체 구조

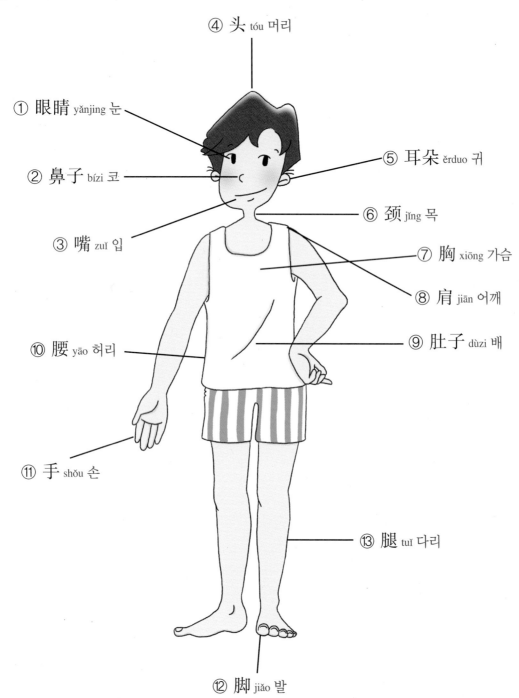

④ 头 tóu 머리

① 眼睛 yǎnjing 눈

② 鼻子 bízi 코

③ 嘴 zuǐ 입

⑤ 耳朵 ěrduo 귀

⑥ 颈 jǐng 목

⑦ 胸 xiōng 가슴

⑧ 肩 jiān 어깨

⑨ 肚子 dùzi 배

⑩ 腰 yāo 허리

⑪ 手 shǒu 손

⑬ 腿 tuǐ 다리

⑫ 脚 jiǎo 발

PART

12

她头发很长。

그녀는 머리가 길어요.

학습목표

1 주술술어문을 알아봅니다.
2 원인이나 이유를 묻는 의문사 '为什么'에 대해
  서 배웁니다.

기본회화

01

A: 他学习努力吗?
Tā xuéxí nǔlì ma?

B: 他学习很努力。
Tā xuéxí hěn nǔlì.

02

A: 她眼睛大不大?
Tā yǎnjing dà bu dà?

B: 她眼睛不太大。
Tā yǎnjing bú tài dà.

03

A: 你为什么喜欢她?
Nǐ wèi shénme xǐhuan tā?

B: 因为她头发很长。
Yīnwèi tā tóufa hěn cháng.

단어

学习 xuéxí 공부하다 | 努力 nǔlì 노력하다 | 眼睛 yǎnjing 눈 | 为什么 wèi shénme 왜, 어째서 | 因
为 yīnwèi 왜냐하면 | 头发 tóufa 머리카락

138

Track 56

▶▶ 이나와 동동은 나란히 걸어가며 이야기를 한다. 이나가 너무 크게 웃다가 돌에 걸려 넘어지려 하는데....

李娜　东东，你哥哥个子高不高？
　　　Dōngdōng, nǐ gēge gèzi gāo bu gāo?

东东　他个子很高，一米八。
　　　Tā gèzi hěn gāo, yì mǐ bā.

李娜　眼睛呢，大不大？
　　　Yǎnjing ne, dà bu dà?

东东　他眼睛不大，单眼皮。
　　　Tā yǎnjing bú dà, dānyǎnpí.

李娜　他做什么工作？
　　　Tā zuò shénme gōngzuò?

东东　他是会计师。
　　　Tā shì kuàijìshī.

李娜　那他有没有女朋友？
　　　Nà tā yǒu méiyǒu nǚpéngyou?

东东　没有，你给他介绍一个吧。
　　　Méiyǒu, nǐ gěi tā jièshào yí ge ba.

李娜　东东，你看！我怎么样？哈哈…。
　　　Dōngdōng, nǐ kàn! Wǒ zěnmeyàng? Hāhā….

 단어

个子 gèzi 키 | 高 gāo (키가) 크다 | 米 mǐ 미터(meter) | 单眼皮 dānyǎnpí 외꺼풀 | 会计师 kuàijìshī 회계
사 | 介绍 jièshào 소개하다

1 주술술어문

〔주어＋술어〕구조가 술어가 되는 문장을 '주술술어문'이라 합니다. 주술술어문에서 술어는 주로 주어를 묘사하거나 설명합니다. (형용사술어문과 구분해야 합니다.)

· 他身体很好。 Tā shēntǐ hěn hǎo.

· 他鼻子很高。 Tā bízi hěn gāo.

· 我肚子疼。 Wǒ dùzi téng.

시간명사로 된 부사어는 주술술어문의 주어 앞·뒤에 올 수 있습니다.

· 最近他身体不太好。 Zuìjìn tā shēntǐ bútài hǎo.

　　(=他最近身体不太好。)

· 他这几天学习很努力。 Tā zhè jǐ tiān xuéxí hěn nǔlì.

　　(=这几天他学习很努力。)

어법 플러스

시간명사

最近	zuìjìn	최근	昨天	zuótiān	어제
这几天	zhè jǐ tiān	요 며칠	今天	jīntiān	오늘
这两天	zhè liǎngtiān	요즘	明天	míngtiān	내일

2 의문사 为什么

'왜, 어째서'라는 의미의 의문대명사로, 원인이나 목적 등 궁금한 점을 물을 때 사용합니다.

· A : 小朋友为什么哭? Xiǎo péngyou wèi shénme kū?

　B : 我迷路了。 Wǒ mí lù le.

· A : 明天你为什么不能来上课? Míngtiān nǐ wèi shénme bùnéng lái shàng kè?

　B : 明天我去中国。 Míngtiān wǒ qù Zhōngguó.

3 了

'了'는 문장 끝에 쓰여, 동작이 이미 발생하였음을 나타냅니다.

· A : 早上吃饭了吗? Zǎoshang chī fàn le ma?

　B : 吃了。 Chī le.

· A : 昨天晚上你去哪儿了? Zuótiān wǎnshang nǐ qù nǎr le?

　B : 昨天晚上我去电影院了。 Zuótiān wǎnshang wǒ qù diànyǐngyuàn le.

小朋友 xiǎo péngyou 꼬마 | 迷路 mí lù 길을 잃다 | 上课 shàng kè 수업하다 | 吃饭 chī fàn 밥을 먹다 |
电影院 diànyǐngyuàn 영화관

Track 57

녹음을 잘 듣고 맞는 그림을 찾아 보세요.

1 Ⓐ [   ]   Ⓑ [   ]

| A | B | C | D |

2 Ⓐ [   ]   Ⓑ [   ]

| A | B | C | D |

3 Ⓐ [   ]   Ⓑ [   ]

| A | B | C | D |

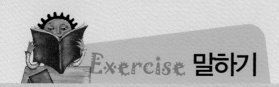

1 다음 문장을 긍정문으로 말해 보세요.

(1) 我儿子眼睛不大。

(2) 他工作不认真。

(3) 李珉个子不太高。

2 그림을 보며 대화를 완성해 보세요.

(1)

Ⓐ 她头发怎么样?

Ⓑ _____ (短)

(2)

Ⓐ _____

Ⓑ 他身体不太好。

단어

认真 rènzhēn 성실하다, 착실하다 | 头发 tóufa 머리카락, 두발 | 短 duǎn 짧다

Exercise 어법

1 '了'를 사용하여 다음 문장을 과거형으로 만들어 보세요.

(1) 他吃饭。

(2) 我看一部电影。(昨天)

(3) 他去中国。(前天)

2 문법에 맞는 것을 찾아 보세요.

(1) A. 他非常工作认真。　　　B. 他工作非常认真。
　　 C. 他认真工作非常。　　　D. 非常他工作认真。

(2) A. 他们不学校留学生多。　　B. 他们学校不留学生多。
　　 C. 他们学校留学生不多。　　D. 他们学校不多留学生。

(3) A. 她眼睛太大不。　　　　　B. 她不眼睛太大。
　　 C. 她大眼睛不太。　　　　　D. 她眼睛不太大。

다음을 중국어로 써 보세요.

1 우리 회사는 직원이 많지 않습니다. (多)

2 그 사람 키가 커요, 안 커요?

3 난 일이 그렇게 바쁘지 않습니다.

4 요 며칠 그의 컨디션이 그다지 좋지 않습니다.

5 그의 여동생은 아주 열심히 일합니다.

前天 qiántiān 그저께 | 留学生 liúxuéshēng 유학생 | 多 duō 많다

상하이 시내의 볼거리 2

상하이 보우관 (上海博物馆, 상해 박물관)

상하이 보우관은 외관이 마치 큰 솥처럼 생긴 독특한 디자인의 현대식 박물관이다. 이 박물관은 중국 고대 예술품

을 많이 소장하고 있는 것으로 유명하다. 11개의 주제별 전시실과 3개의 홀로 나뉘어져 있고, 기증받은 유물만을 따로 전시하는 방도 하나 있다. 이 박물관은 청동기, 도자기, 서예, 회화, 가구, 옥쇄, 화폐 등 21가지 총 12만 점의 진귀한 유물을 소장하고 있는데, 호화롭고 정교한 명나라와 청나라의 가구들이나, 다채롭고 참신한 징더전(景德镇) 도자기, 그리고 고대 청동기 등이 특히 눈길을 끈다.

관내는 구조가 정교하고 아름다우며, 멀티미디어 터치스크린 방식의 자료 검색대가 설치되어 있어서 관람객이 직접 원하는 설명과 풍부한 화면 자료를 찾아볼 수 있다. 입구에 있는 매점에서 전시물을 소재로 한 기념품과 공예품을 살 수 있으며, 박물관 밖에는 넓고 아름다운 광장이 조성되어 있다.

상하이 다쥐위안 (上海大剧院, 상해 대극장)

▲ 상하이 다쥐위안

런민 광창 서북쪽에 위치한 상하이 다쥐위안은 프랑스인에 의해 설계되었으며, 상하이는 물론이고 중국 전체를 통틀어 가장 아름다운 현대 건축물이라 할 수 있다. 비상하기 위해 날개를 펼친 듯한 그 모습은 마치 거대한 유리 공예품 같다. 상하이 다쥐위안은 발전하는 상하이를 상징하는 대표적인 건물 중의 하나이며, 관광객은 표를 사고 내부를 둘러볼 수 있다. 또한 이곳에서는 수준 높은 음악회나 오페라 등이 열리므로 기회가 된다면 한 번쯤 감상해 보는 것도 좋을 것이다.

다한민궈 린스정푸 주즈(大韓民国臨时政府旧址, 대한민국 임시정부 청사)

일제 시대에 임시정부가 활동하던 장소로 알려져 있지만, 그 당시 쫓기며 활동했을 그들이 한 곳에 오래 머물 수 없었기 때문에 지금 꾸며진 이곳이 그들이 활동한 바로 그곳인지는 알 수 없다. 이곳에서는 관련 자료를 전시하고 있으나 비교적 미비한 편이다. 볼거리는 그다지 없지만 역사적인 의의를 가지고 찾아가 볼 만한 곳이다.

루쉰 궁위안 (鲁迅公园, 노신 공원)

루쉰 궁위안은 원래 훙커우 궁위안(虹口公园)이었으나 현재는 루쉰 궁위안(鲁迅公园)으로 바뀌었다. 우리에게는 윤봉길 의사의 도시락 폭탄 사건으로 잘 알려진 곳이다. 루쉰은 일찍이 이 훙커우(虹口) 지역에서 10년(1927~1936) 동안 생활하며 투쟁하였다. 공원 중심부에는 기념관이 있으며 공원 서북쪽에는 루쉰의 묘가 있는데 묘비에는 마오쩌둥(毛泽东)의 친필이 새겨져 있다.

공원 부근에는 루쉰이 살던 집인 루쉰 구쥐(鲁迅故居)도 그대로 보존되어 있다.

▲ 윤봉길 의사 의거 기념비

▲ 루쉰 동상

苹果 píngguǒ 사과　　　梨 lí 배　　　橘子 júzi 귤

香蕉 xiāngjiāo 바나나　　　柿子 shìzi 감　　　甜瓜 tiánguā 참외

葡萄 pútao 포도　　　西瓜 xīguā 수박　　　桃 táo 복숭아

苹果怎么卖?

사과 어떻게 팔아요?

학습목표

1 중국의 화폐 단위와 가격을 묻는 표현을 배웁
니다.

2 과일의 이름을 익힙니다.

기본회화

Track 59

01

A : 这个多少钱?
Zhè ge duōshao qián?

B : 十块钱。
Shí kuài qián.

02

A : 苹果怎么卖?
Píngguǒ zěnme mài?

B : 五块一斤。
Wǔ kuài yì jīn.

03

A : 我给你十块钱。
Wǒ gěi nǐ shí kuài qián.

B : 我找您五块。
Wǒ zhǎo nín wǔ kuài.

 단어

多少 duōshao 얼마, 몇 (가격을 물을 때 사용함) | 块 kuài 원(중국의 화폐 단위) | 苹果 píngguǒ 사과 | 卖 mài 팔다 | 斤 jīn 근(무게의 단위) | 给 gěi 주다, ~에게 | 找 zhǎo 거슬러 주다

Track 60

▶ 혼자 자취를 하고 있는 소영은 재래시장에서 장을 보며 한가한 주말을 보낸다.

金小英　苹果怎么卖？
　　　　Píngguǒ zěnme mài?

服务员　大的五块一斤，小的十块三斤。
　　　　Dà de wǔ kuài yì jīn, xiǎo de shí kuài sān jīn.

金小英　葡萄多少钱一斤？
　　　　Pútao duōshao qián yì jīn?

服务员　两块五(毛)。
　　　　Liǎng kuài wǔ (máo).

金小英　一斤葡萄和三斤大苹果一共多少钱？
　　　　Yì jīn pútao hé sān jīn dà píngguǒ yígòng duōshao qián?

服务员　一共十七块五(毛)。
　　　　Yígòng shíqī kuài wǔ (máo).

金小英　便宜一点儿吧？十五块怎么样？
　　　　Piányi yìdiǎnr ba? shíwǔ kuài zěnmeyàng?

服务员　好的，十五块吧。
　　　　Hǎo de, shíwǔ kuài ba.

金小英　我给你二十块钱。
　　　　Wǒ gěi nǐ èrshí kuài qián.

服务员　我找您五块钱。
　　　　Wǒ zhǎo nín wǔ kuài qián.

大的 dà de 큰 것 | 小的 xiǎo de 작은 것 | 葡萄 pútao 포도 | 和 hé ~와 | 一共 yígòng 모두, 합계 |
便宜 piányi 싸다, 에누리하다, 값을 깎다

1 돈 읽기

중국의 화폐는 인민폐〔人民币 rénmínbì〕라고 합니다.

- 1.00   一块(钱) yí kuài (qián)
- 10.00   十块(钱) shí kuài (qián)
- 220.50   二百二十块(零)五毛 èrbǎi èrshí kuài (líng) wǔ máo
- 3530.07   三千五百三十块零七分 sān qiān wǔbǎi sānshí kuài líng qī fēn
- 24843.56   两万四千八百四十三块五毛六(分) liǎng wàn sìqiān bābǎi sìshí sān kuài wǔ máo liù (fēn)

▶ 표기할 때 : 元 yuán, 角 jiǎo, 分 fēn   말할 때 : 块 kuài, 毛 máo, 分 fēn

한 단위의 액수만 말할 때는 끝에 '钱'을 붙여줍니다.

三分(钱) sān fēn (qián)   二十五块(钱) èrshí wǔ kuài (qián)

끝자리의 단위는 생략할 수 있습니다.

2.57   两块五毛七 liǎng kuài wǔ máo qī

355.80   三百五十五块八 sānbǎi wǔshí wǔ kuài bā

액수 중간에 '0'이 나오면 '0(零 líng)'을 읽어줍니다.

56.09   五十六块零九分 wǔshí liù kuài líng jiǔ fēn

208.02   二百零八块零二分 èrbǎi líng bā kuài líng èr fēn

300.07   三百块零七分 sānbǎi kuài líng qī fēn

'2'가 단독으로 쓰이면 '两'으로 읽어줍니다.

2.00元   两块 liǎng kuài   0.20元   两毛 liǎng máo

0.02元   两分 liǎng fēn

'2'가 중간에 나오거나 끝자리에 쓰이면 '二'로 읽어줍니다.

2.20元　两块二 liǎng kuài èr

2.22元　两块两毛二 liǎng kuài liǎng máo èr

12.02元　十二块零二分 shí èr kuài líng èr fēn

2 의문사 多少

'多少'는 '얼마, 몇'이라는 의미의 의문대명사로 전화번호나 가격 등을 물을 때 사용합니다.

· 这个多少钱? Zhè ge duōshao qián?

· 你的电话号码是多少? Nǐ de diànhuà hàomǎ shì duōshao?

'多少'는 보통 10 이상의 수를 물을 때 씁니다. '多少' 뒤에는 양사를 써도 되고 쓰지 않아도 됩니다.

· 他们学校有多少(个)学生? Tāmen xuéxiào yǒu duōshao (ge) xuésheng?

· 你家有多少(本)书? Nǐ jiā yǒu duōshao (běn) shū?

▶ '几'는 10 이하의 수를 물을 때 사용합니다.

Track 61

녹음을 잘 듣고 맞는 그림을 찾아 보세요.

1 Ⓐ   Ⓑ

Q : 哪个水果便宜?

    A   B   C   D

2 Ⓐ   Ⓑ

Q : 他一共有几个孩子?

    A   B   C   D

3 Ⓐ   Ⓑ

Q : 他们班有多少个学生?

    A   B   C   D

Exercise 말하기

1 다음을 중국어로 읽어 보세요.

(1) 355.80

(2) 208.02

(3) 0.02元

(4) 2.22元

2 그림을 보며 대화를 완성해 보세요.

(1)

Ⓐ

Ⓑ 甜瓜三块一斤。

(2)

Ⓐ

Ⓑ 我有两百块钱。

🏷️ 단어

甜瓜 tiánguā 참외 ｜ 百 bǎi 100(숫자)

155

1 보기 중에서 알맞은 단어를 골라 넣어 보세요

보기   多少   几

(1) 葡萄一斤   钱?

(2) 她的电话号码是   ?

(3) 今天   月   号?

(4) 你们学校有   个学生?

(3) 明天星期   ?

2 다음 중에서 맞는 문장을 찾아 보세요.

(1) A. 我们有公司二十五个职员。
     B. 我们公司有二十五个职员。
     C. 我们公司二十五个职员有。
     D. 我们有二十五个职员公司。

(2) A. 他的电话号码是多少?   B. 他的电话号码多少是?
     C. 他的电话是多少号码?   D. 他的电话多少号码是?

(3) A. 我找您七钱块。   B. 我您找七块钱。
     C. 找您我块七钱。   D. 我找您七块钱。

다음을 중국어로 써 보세요.

1 이거 어떻게 팔아요?

2 바나나는 한 근에 3.50원입니다. (香蕉)

3 여기 백 원 있습니다. (물건값을 지불할 때)

4 50원 거슬러 드릴게요. (잔돈을 거슬러 줄 때)

5 딸기 1근에 얼마에요? (草莓)

葡萄 pútao 포도 │ 香蕉 xiāngjiāo 바나나 │ 草莓 cǎoméi 딸기

날씨

多云 duōyún 흐리다

晴天 qíngtiān 맑은날

刮风 guāfēng 바람불다

下雨 xiàyǔ 비가 오다

下雪 xiàxuě 눈이 내리다

打雷 dǎléi 번개치다

暖和 nuǎnhuo 따뜻하다

热 rè 덥다

冷 lěng 춥다

PART
14

今天天气怎么样?

오늘 날씨 어때요?

학습목표

1 명사술어문에 대해서 알아봅니다.
2 날씨에 쓰이는 단어들을 이용해 일기를 써 봅
니다.

기본호i화

01

A : 今天天气怎么样？
Jīntiān tiānqì zěnmeyàng?

B : 今天晴天。
Jīntiān qíngtiān.

02

A : 今天星期六吧？
Jīntiān xīngqīliù ba?

B : 对，今天星期六。
Duì, jīntiān xīngqīliù.

03

A : 你想去哪儿？
Nǐ xiǎng qù nǎr?

B : 我想去中国。
Wǒ xiǎng qù Zhōngguó.

天气 tiānqì 날씨 | 晴天 qíngtiān 맑은 날씨 | 想 xiǎng ~하고 싶다, ~하려 하다

상황 회화

▶ 일요일 아침, 흐드러지게 늦잠을 잔 이나는 오빠가 깨우는 소리에 일어난다.

李珉　　李娜，起来！起来！
　　　　Lǐnà, qǐlái, qǐlái!

李娜　　哥，几点了？
　　　　Gē, jǐ diǎn le?

李珉　　九点了。
　　　　Jiǔ diǎn le.

李娜　　今天天气怎么样？
　　　　Jīntiān tiānqì zěnmeyàng?

李珉　　今天天气不太好，外边下雨。
　　　　Jīntiān tiānqì bú tài hǎo, wàibiān xià yǔ.

李娜　　是吗？我想睡懒觉。
　　　　Shì ma? Wǒ xiǎng shuì lǎnjiào.

李珉　　不行，不行，快起来！
　　　　Bù xíng, bù xíng, kuài qǐlái!

李娜　　今天星期天嘛。
　　　　Jīntiān xīngqītiān ma.

 단어

起来 qǐ lái (잠자리에서) 일어나다 | 外边 wàibiān 밖 | 下雨 xià yǔ 비가 오다 | 睡懒觉 shuì lǎnjiào 늦잠을 자다 | 嘛 ma 조사로서 '이치, 사실, 도리' 등이 명백함을 나타냄

1 명사술어문

명사술어문은 명사나 명사성 구가 술어가 되는 문장을 말합니다. '나이, 날짜, 절기, 직업, 기념일, 금액' 등을 나타냅니다.

· 周老师中国人。Zhōu lǎoshī Zhōngguó rén.

· 今天三月三号。Jīntiān sān yuè sān hào.

· 明天星期五。Míngtiān xīngqī wǔ.

· 今天晴天。Jīntiān qíngtiān.

명사술어문의 부정형에는 반드시 '不是'가 들어가야 합니다.

· 周老师不是中国人。Zhōu lǎoshī bú shì Zhōngguó rén.

· 明天不是星期五。Míngtiān bú shì xīngqī wǔ.

· 今天不是晴天。Jīntiān bú shì qíngtiān.

▶ 명사술어문에 부정형인 '不是'가 들어가면 동사술어문으로 바뀝니다.

명사술어문에서는 부사어가 술어 앞에 옵니다.

· 今天已经四月三号了。Jīntiān yǐjing sì yuè sān hào le.

· 明天才星期一。Míngtiān cái xīngqī yī.

어법 플러스

요일의 다른 이름

월요일 : 礼拜一 lǐbài yī, 周一 zhōu yī   금요일 : 礼拜五 lǐbài wǔ, 周五 zhōu wǔ

화요일 : 礼拜二 lǐbài èr, 周二 zhōu èr   토요일 : 礼拜六 lǐbài liù, 周六 zhōu liù

수요일 : 礼拜三 lǐbài sān, 周三 zhōu sān   일요일 : 礼拜日 lǐbài rì, 周日 zhōu rì

목요일 : 礼拜四 lǐbài sì, 周四 zhōu sì   礼拜天 lǐbài tiān

2 조동사 想

'想'은 동사로 '생각하다, 그리워하다'의 뜻이 있고, 때로는 '～하고 싶다, ～하려고 하다' 의 조동사로 쓰이기도 합니다.

동사

· 你想不想我? Nǐ xiǎng bu xiǎng wǒ?

· 我很想家。 Wǒ hěn xiǎng jiā.

조동사

· 我想去中国。 Wǒ xiǎng qù Zhōngguó.

· 你想吃什么? Nǐ xiǎng chī shénme?

已经 yǐjing 이미, 벌써 │ 才 cái 비로소 │ 想 xiǎng 생각하다, 그리워하다, ～하고 싶다

163

Track 65

녹음을 잘 듣고 맞는 그림을 찾아 보세요.

1 Ⓐ ░░░░░░░░░░░   Ⓑ ░░░░░░░░░░░

Q : 今天几月几号?

A   B   C   D

2 Ⓐ ░░░░░░░░░░░   Ⓑ ░░░░░░░░░░░

Q : 现在天气怎么样?

A   B   C   D

3 Ⓐ ░░░░░░░░░░░   Ⓑ ░░░░░░░░░░░

Q : 男的想去哪国?

A   B   C   D

1 다음을 부정형으로 만들어 보세요.

   (1) 他爸爸德国人。

   (2) 前天三月三号。

   (3) 明天星期五。

   (4) 今天阴天。

2 그림을 보며 대화를 완성해 보세요.

(1)

(2)

  Ⓐ 今天天气怎么样?

  Ⓑ

  Ⓐ 今天天气怎么样?

  Ⓑ

단어

德国人 Déguó rén 독일인 | 阴天 yíntiān 흐린 날씨

1 주어진 단어를 적당한 위치에 넣어 보세요.

(1) 明天星期四。(才)

(2) 今天六月一号。(已经)

(3) 我今年二十三岁。(已经)

2 다음 중에서 맞는 문장을 찾아 보세요.

(1) A. 今天是星期五不。　　　B. 今天是不星期五。
　　 C. 今天星期五不是。　　　D. 今天不是星期五。

(2) A. 三月七号他中国去。　　　B. 三月七号去他中国。
　　 C. 他三月七号去中国。　　　D. 他三月去七号中国。

(3) A. 星期七你去哪儿?　　　B. 星期天你去哪儿?
　　 C. 礼拜七你去哪儿?　　　D. 周天你去哪儿?

Exercise 쓰기

다음을 중국어로 써 보세요.

1 오늘은 바람이 불었습니다. (刮风)

2 모레는 토요일입니다. (后天)

3 다음 주 월요일은 몇 월 며칠입니까?

4 오늘 날씨 어떻습니까?

5 내일이 겨우 6월 5일입니다.

刮风 guāfēng 바람이 불다 │ 后天 hòutiān 모레

Travel ·in Shanghai

상하이 시내의 볼거리 3

위위안(豫园, 예원)

▲ 위위안

상하이의 남쪽에 위치한 위위안은 명나라 때 조성된 정원으로서 쑤저우의 4대 정원과 함께 유명하다. 여기서 정원이란 우리가 흔히 떠올리는 '집 앞에 딸린 작은 뜰'이 아니라 여러 채의 건물과 연못, 인공산, 화원, 정자 등을 갖춘 일종의 별장인 '원림(园林)'을 가리키는 것이다. 베이징의 베이하이 궁위안(北海公园)이나 청더의 비수산장(避暑山庄) 같은 곳도 원림에 속하는데, 이런 곳은 황실 소유인 경우가 많아서 규모가 크고 사치스럽기 그지없다. 반면 상하이나 쑤저우의 정원은 개인 소유로 지어져서 비교적 규모가 작고 아기자기하다.

위위안은 원래 반윤단(潘允端)이라는 명나라의 관리가 자신의 부모를 모시기 위해 조성한 곳으로서, 1559년부터 무려 18년에 걸쳐 지었다고 한다. 그 후 여러 차례 주인이 바뀌면서 새로 건물을 짓거나 개수했기 때문에 전체적으로 명나라와 청나라의 건축 양식이 혼합된 형태를 띠고 있다.

위위안은 규모는 그리 크지 않지만 건물이나 정원의 설계가 정교하고 구석구석까지 세밀한 장식이 되어 있다. 처마가 유난히 뾰족하게 치솟은 지붕이나 검은색 기와로 구불구불한 용 모양의 장식을 한 흰 담장이나 태호석으로 꾸며진 뜰과 연못 등이 촘촘하게 배치되어 있어서 실제보다도 넓고 복잡한 느낌을 준다.

위위안의 동북부에 있는 덴춘탕(点春堂)은 '태평천국의 난' 때 무장봉기를 일으킨 소도회(小刀会)의 사령부가 있었던 곳이라서 관련 유물이 전시되어 있다.

위위안의 서쪽과 남쪽에는 위위안 상창(豫园商场)이라는 거대한 상가가 조성되어 있다. 이곳에는 전통 건축을 모방해서 지어진 100여 채의 상점들이 있는데 상당수는 전통 공예품이나 간식류를 파는 곳이라서 위위안을 구경하고 나오는 길에 쇼핑과 식사를 하기 좋다.

▲ 화려한 지붕 장식

상하이의 쇼핑명소

위위안 상창(豫园商场, 예원 상장)

위위안(豫园)의 서쪽에 위치한 위위안 상창에는 백여 곳의 크고 작은 상점들이
옛 거리와 어울려 있다. 상가에서는 상하이 공예품과 각종 상품들을 팔고 있으며
상가 내에는 각 지역의 특색 있는 먹거리들이 더욱 풍부하다.
이곳에서는 상하이의 다양하고 저렴한 샤오츠(小吃, 간식)을 맘껏 맛볼 수 있다.
사람들이 줄을 서서 기다리는 곳은 기다려도 후회하지 않을 만큼 싸고 맛있으니
줄을 서서 사 먹어 보는 것도 괜찮다.

▲ 쇼핑객으로 북적이는 위위안 상창

난징루(南京路, 난징로)·화이하이루(淮海路, 회해로)

난징루와 화이하이루는 상하이 최대의 번화가다. 난징루는 약 5km의 길
이로 모두 600여 개의 상점이 있으며 하루 유동인구가 100만 명에 달한
다. 대대로 내려오는 유명한 상점도 100여 곳이 넘는다. 재건축 이후 난징
루는 화려하고도 고풍스러운 거리로서 녹지와 생활 휴식 광장 등이 끊임
없이 이어진 상점 빌딩들과 서로 어우러져 있다. 화이하이루에도 400여
곳의 상점이 있으며 이 두 거리의 관광객 수는 많을 때는 하루에 100만 명
이 넘는다.

난징루와 화이하이루는 많은 상점이 밀집
해 있고 상품이 많은 것 외에도 각 빌딩의
장식이나 진열장이 매우 아름답게 설계되
어 있어 지나는 이들의 발길을 붙잡는다.

▲ 번화한 난징루

▲ 난징루 야경

12지 동물

Track 66

鼠 shǔ 쥐　　　　牛 niú 소　　　　虎 hǔ 호랑이

兔 tù 토끼　　　龙 lóng 용　　　蛇 shé 뱀

马 mǎ 말　　　羊 yáng 양　　　猴 hóu 원숭이

鸡 jī 닭　　　狗 gǒu 개　　　猪 zhū 돼지

你今年多大?

올해 나이가 몇이에요?

학습목표

1 연령대별로 나이를 물어보는 여러 가지 표현을 익힙니다.
2 12가지 띠를 알아봅니다.

Track 🎧 67

01

A : 她今年多大?
　　Tā　jīnnián duō dà?

B : 她今年二十一岁。
　　Tā　jīnnián　èr shí yī suì.

02

A : 我今年二十六岁，你呢?
　　Wǒ jīnnián　èr shí liù suì,　nǐ ne?

B : 我比你大两岁。
　　Wǒ bǐ　nǐ dà liǎng suì.

03

A : 你属什么?
　　Nǐ shǔ shénme?

B : 我属龙。
　　Wǒ shǔ lóng.

今年 jīnnián 올해, 금년 ｜ 多 duō 얼마나 ｜ 比 bǐ ~보다 ~하다 ｜ 大 dà (나이가) 많다 ｜ 属 shǔ (십이지의) ~띠이다 ｜ 龙 lóng 용

172

상황 회화

▶ 김소영은 퇴근길에 버스정류장에서 이민을 만났다. 은근슬쩍 이민의 나이를 물어본다.

金小英　小李，你坐几路公共汽车？
　　　　Xiǎo Lǐ,　nǐ zuò jǐ　lù　gōnggòng qìchē?

李珉　　我坐21路，你呢？
　　　　Wǒ zuò èrshíyī lù,　　nǐ　ne?

金小英　我坐38路。你今年多大？
　　　　Wǒ zuò sānshíbā lù.　Nǐ　jīnnián duō　dà

李珉　　我今年28岁。
　　　　Wǒ jīnnián èrshíbā suì.

金小英　是吗？明天我们俩一起吃晚饭，怎么样？
　　　　Shì ma?　Míngtiān wǒmen liǎ　yìqǐ chī wǎnfàn,　zěnmeyàng?

李珉　　好啊。你请客？
　　　　Hǎo a.　　Nǐ qǐng kè?

金小英　行，没问题。
　　　　Xíng,　méi　wèntǐ.

李珉　　你看！38路来了。
　　　　Nǐ kàn　Sānshíbā lù lái le.

金小英　那我们明天见！
　　　　Nà wǒmen míngtiān jiàn!

李珉　　再见！
　　　　Zàijiàn!

 단어

坐 zuò (차를) 타다 | 公共汽车 gōnggòng qìchē 버스 | 一起 yìqǐ 함께 | 晚饭 wǎnfàn 저녁밥 | 俩 liǎ 두 사람 | 请客 qǐng kè 손님을 초대하다, 한턱내다

1 나이 묻기

우리말에서 나이를 묻는 표현이 여러 개가 있듯이 중국어에도 연령대에 따라 나이를 묻는 표현이 다양합니다.

· A : 小朋友你几岁(了)? Xiǎo péngyou nǐ jǐ suì (le)?　　　　　　(10살 이하)

B : 我五岁(了)。 Wǒ wǔ suì (le).

· A : 她今年多大(了)? Tā jīnnián duō dà (le)?　　　　　　　　(청소년)

B : 她今年二十周岁(了)。 Tā jīnnián èrshí zhōusuì (le).

· A : 王老师, 您多大年纪(了)? Wáng lǎoshī, nín duō dà niánjì (le)?　(웃어른)

B : 我五十七(了)。 Wǒ wǔshí qī (le).

· A : 你爷爷今年多大岁数(了)? Nǐ yéye jīnnián duō dà suìshu (le)?　(웃어른)

B : 他今年七十(了)。 Tā jīnnián qīshí (le).

▶ 중국인들은 나이 얘기를 할 때 만 나이(周岁)로 대답하는 경우가 많습니다.

실제 나이 : 虚岁 xūsuì

중국에서도 우리나라처럼 나이를 대신해 태어난 해의 띠를 묻습니다.

· A : 你属什么? Nǐ shǔ shénme?

B : 我属猪。 Wǒ shǔ zhū.

· A : 你是属什么的? Nǐ shì shǔ shénme de?

B : 我是属马的。 Wǒ shì shǔ mǎ de.

2 比비교문

'比'는 정도의 차이를 서로 비교할 때 사용합니다.

· 今天比昨天热。 Jīntiān bǐ zuótiān rè.

· 这个比那个好看。 Zhè ge bǐ nà ge hǎokàn.

· 苹果比梨更好吃。 Píngguǒ bǐ lí gèng hǎochī.

나이를 비교해서 많을 때는 나이 앞에 '大dà'를 사용하고, 적을 때는 나이 앞에 '小xiǎo'를 사용합니다.

· 我比你大两岁。 Wǒ bǐ nǐ dà liǎng suì.

· 他比我小四岁。 Tā bǐ wǒ xiǎo sì suì.

周岁 zhōusuì 만 나이 | 年纪 niánjì 나이, 연령 | 岁数 suìshu 나이, 연세 | 虚岁 xūsuì 실제 나이 | 热 rè 덥다 | 更 gèng 더욱, 훨씬

어법 플러스

1 시간

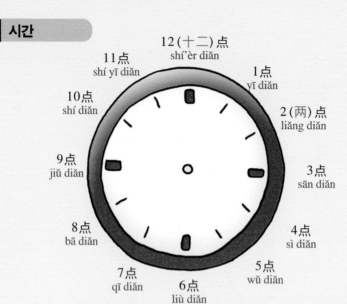

11点
shí yī diǎn

12 (十二) 点
shí'èr diǎn

10点
shí diǎn

1点
yī diǎn

2 (两) 点
liǎng diǎn

9点
jiǔ diǎn

3点
sān diǎn

8点
bā diǎn

4点
sì diǎn

7点
qī diǎn

6点
liù diǎn

5点
wǔ diǎn

▶ '2시'는 반드시 '两点'으로 읽습니다. 단, 12시는 '十二点'이라고 읽습니다.

2 분/시간표현

1 分	yì fēn	15 分	shí wǔ fēn
2 分	èr fēn	(= 一刻	yí kè)
3 分	sān fēn	20 分	èrshí fēn
4 分	sì fēn	30 分	sānshí fēn
5 分	wǔ fēn	(= 半	bàn)
6 分	liù fēn	40 分	sìshí fēn
7 分	qī fēn	45 分	sìshí wǔ fēn
8 分	bā fēn	(= 三刻	sān kè)
9 分	jiǔ fēn	50 分	wǔshí fēn
10 分	shí fēn		

▶ 아침　早上 zǎoshang
▶ 오전　上午 shàngwǔ
▶ 오후　下午 xiàwǔ
▶ 밤　　晚上 wǎnshang
▶ ~전　差　　chà

· 9:15　上午九点十五(分) shàngwǔ jiǔ diǎn shí wǔ (fēn) (= 上午九点一刻)

· 13:30　下午一点三十(分) xiàwǔ yī diǎn sānshí (fēn) (= 下午一点半)

· 15:45　下午三点四十五(分) xiàwǔ sān diǎn sìshí wǔ (fēn) (= 下午三点三刻 / 下午差一刻四点)

▶ 문장 끝에 쓰인 '分'은 생략할 수 있습니다.

Exercise 듣기

Track 70

녹음을 잘 듣고 맞는 그림을 찾아 보세요.

1 Ⓐ _____ Ⓑ _____

| A | B | C | D |

2 Ⓐ _____ Ⓑ _____

Q : 现在几点?

| A | B | C | D |

3 Ⓐ _____ Ⓑ _____

Q : 男的是属什么的?

| A | B | C | D |

1 다음 문장을 '比' 를 사용하여 비교문으로 만들어 보세요.

(1) 我二十二岁，我哥哥二十五岁。

(2) 李珉二十八岁，李娜二十一岁。

2 그림을 보며 대화를 완성해 보세요.

(1)

Ⓐ 你爸爸几点上班？

Ⓑ

(2)

Ⓐ 小朋友，现在几点？

Ⓑ

（差）

上班 shàngbān 출근하다

1 두 개의 단어 중 다음 문장에 들어갈 단어를 찾아 넣으세요.

> 보기   两   二

(1) A : 现在几点?
　　 B : 现在＿＿点半。

(2) A : 这个多少钱?
　　 B : ＿＿块钱。

(3) A : 你妹妹今年多大了?
　　 B : 她今年＿＿十三岁。

2 다음 중에서 맞는 문장을 찾아 보세요.

(1) A. 我爸爸吃七点早饭。　　　B. 我爸爸七点吃早饭。
　　 C. 我爸爸吃早饭七点。　　　D. 我爸爸吃早七点饭。

(2) A. 他儿子的今年四周岁。　　B. 他的儿子今年四岁周。
　　 C. 他的儿子今年四周岁。　　D. 今年他的四儿子周岁。

(3) A. 现在不差是五分两点。　　B. 现在差五分两点不是。
　　 C. 现在差不是五分两点。　　D. 现在不是差五分两点。

Exercise 쓰기

다음을 중국어로 써 보세요.

1 지금 몇 시나 됐죠?

2 김 선생님은 올해 나이가 몇이세요?

3 저는 용띠입니다. (龙)

4 지금은 2시 5분 전입니다.

5 자네 언제 퇴근해? (下班)

龙 lóng 용 │ 下班 xiàbān 퇴근하다

我坐飞机去北京。

나는 비행기를 타고 베이징에 갑니다

학습목표

1 연동문에 대해서 익히도록 합니다.

2 '什么时候'과 '几点'의 차이점을 확실하게
익힙니다.

 기본호화

Track 71

A : 你坐什么去北京？
Nǐ zuò shénme qù Běijīng?

B : 我坐飞机去北京。
Wǒ zuò fēijī qù Běijīng.

A : 你去上海做什么？
Nǐ qù Shànghǎi zuò shénme?

B : 我去上海旅行。
Wǒ qù Shànghǎi lǚxíng.

A : 你什么时候去北京？
Nǐ shénme shíhou qù Běijīng?

B : 我明天去北京。
Wǒ míngtiān qù Běijīng.

坐 zuò 타다 | 飞机 fēijī 비행기 | 上海 Shànghǎi 상하이(지명) | 旅行 lǚxíng 여행하다

182

상황 회화

Track 72

▶ 이나와 동동은 벤치에 앉아 자판기 커피를 마시며 여행에 대한 얘기를 나누고 있다.

东东　你什么时候去北京?
　　　Nǐ shénme shíhou qù Běijīng?

李娜　我明天下午去北京。
　　　Wǒ míngtiān xiàwǔ qù Běijīng.

东东　你去北京做什么?
　　　Nǐ qù Běijīng zuò shénme?

李娜　我去北京旅行。
　　　Wǒ qù Běijīng lǚxíng.

东东　你坐什么去?
　　　Nǐ zuò shénme qù?

李娜　我坐飞机去。
　　　Wǒ zuò fēijī qù.

东东　我也想去旅行。
　　　Wǒ yě xiǎng qù lǚxíng.

李娜　那你也去吧。
　　　Nà nǐ yě qù ba.

东东　不行, 我得去打工。
　　　Bùxíng, wǒ děi qù dǎgōng.

단어

得 děi ~해야 한다 | 打工 dǎgōng 아르바이트하다

어법배우기

1 연동문

연동문이란? 한 문장에 동사가 두 개 이상 나오는 문장을 말합니다.

· 我去看。Wǒ qù kàn.

· 我去看电影。Wǒ qù kàn diànyǐng.

· 他坐车去。Tā zuò chē qù.

두 번째 동사는 첫 번째 동사의 목적을 나타냅니다.

· 我去吃饭。Wǒ qù chīfàn.

· 我去海南旅行。Wǒ qù Hǎinán lǚxíng.

연동문에 출현하는 두 동사는 모두 목적어를 동반할 수 있습니다.

· 我去北京看朋友。Wǒ qù Běijīng kàn péngyou.

· 他去图书馆找他妹妹。Tā qù túshūguǎn zhǎo tā mèimei.

첫 번째 동사와 그 목적어는 두 번째 동사의 수단이나 방식이 될 수 있습니다.

· 我骑自行车去我朋友那儿。Wǒ qí zìxíngchē qù wǒ péngyou nàr.

· 他们用英语聊天儿。Tāmen yòng Yīngyǔ liáotiānr.

부사어는 보통 첫 번째 동사 앞에 놓습니다.

· 韩老师也坐飞机去北京。Hán lǎoshī yě zuò fēijī qù Běijīng.

· 他想去香港旅行。Tā xiǎng qù Xiānggǎng lǚxíng.

시간사는 주어 앞·뒤에 놓을 수 있습니다.

· 明天我坐飞机去日本。Míngtiān wǒ zuò fēijī qù Rìběn.

　我明天坐飞机去日本。(○)

2 什么时候 / 几点

'什么时候' 와 '几点' 은 모두 시간을 묻는 의문사로, '什么时候' 는 개괄적인 시간을,
'几点' 은 구체적인 시간을 묻습니다.

· A: 你什么时候去中国? Nǐ shénme shíhou qù Zhōngguó?

B: 我三号去中国。 Wǒ sān hào qù Zhōngguó.

· A: 金小英几点来这儿? Jīn Xiǎoyīng jǐ diǎn lái zhèr?

B: 她晚上九点来这儿。 Tā wǎnshang jiǔ diǎn lái zhèr.

· A: 周老师几点有课? Zhōu lǎoshī jǐ diǎn yǒu kè?

B: 周老师下午两点有课。 Zhōu lǎoshī xiàwǔ liǎng diǎn yǒu kè.

 단어

海南 Hǎinán 해남(지명) | 聊天儿 liáotiānr 잡담하다 | 香港 Xiānggǎng 홍콩(지명) | 日本 Rìběn 일
본 | 骑 qí (자전거를) 타다 | 课 kè 수업

Track 73

녹음을 잘 듣고 맞는 그림을 찾아 보세요.

1 Ⓐ　　　　　　　　　　　Ⓑ

Q : 他坐什么去中国?

A　　　　　　　B　　　　　　　C　　　　　　　D

2 Ⓐ　　　　　　　　　　　Ⓑ

Q : 女的妹妹现在在哪儿?

A　　　　　　　B　　　　　　　C　　　　　　　D

3 Ⓐ　　　　　　　　　　　Ⓑ

Q : 男的去北京做什么?

A　　　　　　　B　　　　　　　C　　　　　　　D

1 보기의 단어들을 조합하여 완성된 문장을 만들어 보세요.

(1) 电影, 我, 看, 去

(2) 坐, 上海, 什么, 她, 去, 做, 火车

(3) 朋友, 我, 去, 我, 那儿, 骑, 车

(4) 飞机, 去, 他, 坐, 北京, 也

2 그림을 보며 대화를 완성해 보세요.

(1)

Ⓐ 你坐什么车去公司?

Ⓑ

(2)

Ⓐ 你跟朋友用什么语言聊天?

Ⓑ

(汉语)

语言 yǔyán 언어

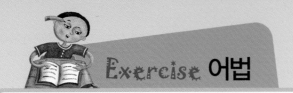

1 다음 문장에 들어갈 단어를 보기에서 찾아 넣으세요.

> **보기**　　　　　什么时候　　　　几点

(1)　A : 你＿＿＿＿＿去中国?

　　　B : 我五月三号去中国。

(2)　A : 王明＿＿＿＿＿来这儿?

　　　B : 他晚上九点来这儿。

(3)　A : 李老师＿＿＿＿＿有课?

　　　B : 李老师下午两点有课。

2 문법에 맞는 문장을 찾아 보세요.

(1)　A. 他坐飞机去旅行北京。　　　B. 他坐飞机去北京旅行。
　　　C. 他坐去北京飞机旅行。　　　D. 他去北京旅行坐飞机。

(2)　A. 去韩老师吃饭。　　　　　　B. 韩老师去吃饭。
　　　C. 韩老师吃去饭。　　　　　　D. 韩老师饭去吃。

(3)　A. 你去做那儿什么?　　　　　B. 你去做什么那儿?
　　　C. 你做什么去那儿?　　　　　D. 你去那儿做什么?

Exercise 쓰기

다음을 중국어로 써 보세요.

1 그녀의 남동생은 매일 공원에 놀러갑니다. (每天)

2 당신 아버지는 전철을 타고 출근하십니까?

3 김소영 씨는 뭘 타고 여기 옵니까?

4 그 사람들은 프랑스어로 이야기합니다. (法语)

5 내 남동생은 배를 타고 상하이로 여행가고 싶어합니다.

6 나는 자전거를 타고 학교에 갑니다.

每天 měitiān 매일 │ 法语 Fǎyú 프랑스어

Travel in Shanghai

상하이 교외의 볼거리

주자자오(朱家角, 주가각)

주자자오는 상하이에서 버스로 2시간 거리에 있는 작은 마을이다. 상하이 주변에는 명나라와 청나라 때의 건물과 거리가 그대로 남아 있는 오래된 마을이 많은데, 주자자오는 그 중에서도 보존이 가장 잘 된 마을 중의 하나다. 구불구불한 운하가 마을 가운데를 흐르고, 운하 양쪽으로는 낡고 소박한 민가가 늘어서 있다. 거리를 천천히 거닐면 길가의 작업장에서 가마니나 대나무 공예품 등 민간 수공예품을 감상할 수 있으며, 자러우(扎肉), 리쯔셴러우쭝(栗子鮮肉粽), 옌쉰마오더우(烟熏毛豆) 등의 특색 있는 먹거리를 맛볼 수 있다.

▶ 주자자오의 풍경들

▲ 주자자오의 방생교

▲ 주자자오의 상점들

상하이의 먹거리

상하이 요리는 각지의 음식을 모두 받아들여 상하이만의 특색으로 만들어 냈으며 그 중에서도 특히 강남 지방 특색이 강하다. 그 중에서도 상하이 게 요리가 가장 유명하며, 샤오룽바오(小龙包)를 비롯한 다양한 샤오츠(小吃, 간식거리)도 빼놓을 수 없다.

상하이 게 요리

▲ 게 요리

왕바오허주자(王宝和酒家)는 유명한 상하이 게 요리점으로 궁궐을 연상시키는 호화로운 홀에서 특상의 상하이 게를 맛볼 수 있다. 한 마리에 약 240元이고 런민 광창에서 도보로 5분 거리에 있다.

샤오룽바오

샤오룽바오(小龙包)는 만두의 일종으로 작고 만두피가 얇고 속이 크며 고깃물이 배어 나와 맛있다. 상하이에서도 손꼽히는 샤오츠(小吃)이니 위위안 상창(豫园商场)에 가면 꼭 먹어 보자.

▲ 샤오룽바오

▲ 샤오룽바오의 겉과 속

Happy Chinese

최고를 향해 한 발 한 발 나아가는 절대커리큘럼

중국어교실 시리즈

종합	회화

초급

Happy Chinese 중국어교실
초급 1~6
각권 1개월씩 총 6개월 과정

Happy Chinese 중국어교실
초급 上·中·下(초급1~6의 합본)
각권 2개월씩 총 6개월 과정

Happy Chinese 중국어교실
회화편 초급 2개월 과정

중급

Happy Chinese 중국어교실
중급 1~4
각권 1개월씩 총 4개월 과정

Happy Chinese 중국어교실
중급 上·下(중급1~4의 합본)
각권 2개월씩 총 4개월 과정

Happy Chinese 중국어교실
회화편 중급 2개월 과정

고급

Happy Chinese 중국어교실
고급 1~2
각권 1개월씩 총 2개월 과정

Happy chinese

최고를 향해 **한 발 한 발** 나아가는 **절대 커리큘럼**

중국어
교실

한민이 지음

上

가이드북

주변의 이야기를 한 편의 드라마로 보는 듯한 **생생한 회화**

가려운 곳을 콕콕 짚어서 살살 긁어주는 **친절한 어법**

실력을 확실하게 다져주는 **영역별 연습문제**

중국 배낭 여행 **Travel in China**

넥서스CHINESE

Happy Chinese

중국어
교실 상권

PART 01

你好! 안녕하세요!

학습목표
1 중국어로 인사하기

기본회화 26 page

A : 你好! 안녕!
B : 你好! 안녕!

영어의 'Hello!' 처럼 중국에서는 '你好' 란 인사말을 가장 흔히 씁니다.
처음 만나는 사람에게는 '您好!' 를 쓰는 것이 좋습니다. '您 nín' 은 '你' 의 존칭으로, '你好' 보다 정중한 표현입니다.

A : 你好吗? 잘 지내세요?
B : 我很好! 예, 잘 지내요!

3성＋3성의 성조 변화를 연습합니다. '我很好!' 는 '반3성＋2성＋반3성' 이 가장 이상적입니다.

A : 再见! 안녕히 가십시오!
B : 再见! 안녕히 계십시오!

4성이 연이어 나오면 앞에 오는 4성은 '반4성' 으로 소리냅니다.

단어설명

吗 ma ～입니까? ▷ 문장의 끝에 쓰여 의문문을 만드는 의문어기조사입니다.
拜拜 bàibai Bye-bye ▷ '白白 báibai' 라고 쓰기도 합니다.

王明	你好，金小英! 안녕하세요. 김소영 씨!
金小英	你好! 안녕하세요!
王明	你身体好吗? 건강하시죠?
金小英	我身体很好! 再见! 예, 좋아요! 안녕히 가세요!
王明	再见! 잘 가요!

Exercise 듣기 28 page

1 ① B fō ② B tǎ ③ A nǎo ④ B yú

2 ① nǐ ② hǎo ③ shēntǐ
 ④ hěn ⑤ nǐ hǎo ⑥ zàijiàn

3 정답 D

Q : 你身体好吗? 건강하십니까? 잘 지내십니까?

4 정답 B

A 你好吗? B 再见! C 你身体好吗? D 你好!

⊡ B는 헤어질 때 하는 인사이며, B를 제외한 나머지는 모두 만났을 때 하는 인사입니다.

Exercise 말하기 29 page

1 (1) A : 你好! 안녕하세요! B : 你好! 안녕하세요!
 (2) A : 再见! 안녕히 가십시오! B : 再见! 안녕히 가십시오!

2 你好! 안녕!

你身体好吗? 건강하시죠?

您好! 안녕하세요!

您身体好吗? 건강하시죠?

老师好! 선생님, 안녕하세요!

老师身体好吗? 선생님, 건강하시죠?

大家好! 여러분, 안녕하세요!

大家身体好吗? 모두들 건강하죠?

 **Exercise 쓰기**

30 page

1 你好!

2 再见!

3 你好吗?

4 我很好!

5 你身体好吗?

 **Chinese dictionary**

32 page

때에 따른 인사

🔲 '你早!'도 아침인사로 흔히 쓰이는 인사말입니다.

PART 02

谢谢! 감사합니다!

학습목표

1 고마움과 미안함을 중국어로 표현하기
2 오랜만에 만난 사람과 인사하기

기본회화 **34 page**

A : 谢谢! 고맙습니다!

B : 不客气! 별말씀을요!

고마움의 대상을 바꿔가며 연습합니다. (예) 谢谢老师! | 谢谢您, 老师!

'不客气!' 외에도 다음과 같이 대답할 수 있습니다. 没什么 | 没事儿 | 不谢 | 不用谢 | 别客气

A : 对不起! 미안합니다!

B : 没关系! 괜찮습니다!

'没关系' 대신 '没什么 | 没事儿' 이라고 대답하기도 합니다.

A : 好久不见! 오랜만입니다!

B : 好久不见! 오랜만이네요!

'很久不见 | 好久不见了' 라고도 합니다.

'不' 는 원래 4성이지만 단독으로 쓰일 때나 1성, 2성, 3성 앞에서는 제4성으로, 4성 앞에서는 제2성으로 읽습니다. '见' 이 4성이므로 '不' 는 2성으로 읽어야 합니다.

6

상황회화 35 page

金小英	李珉，好久不见! 이민 씨, 오랜만이에요!
李珉	金小英，好久不见! 김소영 씨, 오랜만이에요!
金小英	你身体好吗? 건강하시죠?
李珉	我身体很好! 谢谢! 예, 좋아요! 고마워요!
金小英	不客气! 별말씀을요!

Exercise 듣기

36 page

1 ① A(吃 chī 먹다)　② B(十 shí 열)　③ A (钱 qián 돈)　④ C(云 yún 구름)

2 ① méi guānxi!　② bú kèqi　③ duì bu qǐ　④ xièxie
　　⑤ hǎojiǔ bú jiàn　⑥ shēntǐ

3 정답 A

谢谢! 고마워요!

4 정답 D

对不起! 미안합니다!

▷ '고맙습니다!', '미안합니다!'에 대한 대답은 서로 헷갈리기 쉽습니다. 단문장으로 외우지 말고 항상 짝
　을 지어 연습하도록 합니다.

1 A : 对不起! 미안합니다!　　B : 没关系! 괜찮아요!

2 A : 再见! 잘 가!　　B : 再见! 잘 가!

3 A : 谢谢! 고마워!　　B : 不客气! 별말씀을!

Exercise 쓰기

38 page

1 好久不见! 오랜만입니다!

2 没关系! 괜찮습니다!

3 我身体很好! 예, 좋습니다.

4 谢谢! 고맙습니다!

5 不客气! 별말씀을요!

PART 03

您贵姓? 성이 무엇입니까?

학습목표
1 중국어로 통성명하기

기본회화 44 page

A : 您贵姓? 성이 어떻게 되시죠?
B : 我姓王。 제 성은 왕입니다.

'贵'에는 상대방을 높이는 의미가 들어 있어 직역하면 '당신의 고귀한 姓은 무엇입니까?'라는 의미입니다. 그러나 대답할 때는 '贵'를 생략하고, 그냥 '我姓○'라고 합니다.
다른 사람의 성을 물을 때는 '他姓什么?'라고 하고, 동년배나 편한 사이에는 '你姓什么?'라고 합니다.

A : 你叫什么名字? 이름이 무엇입니까?
B : 我叫金小英。 저는 김소영이라고 합니다.

보통 처음 만난 사이에 쓰는 말이지만, 윗사람에게 존중과 예의를 나타내야 할 때에는 쓰지 않습니다.
'您贵姓?'은 단순히 성을 묻는 것 외에도 '성함이 어떻게 되시죠?'라는 의미도 내포되어 있습니다. 이때는 '我姓○, 叫○○○'라고 대답합니다.

A : 认识你很高兴! 알게 되어 기쁩니다!
B : 认识你我也很高兴! 저도 당신을 알게 되어 기쁩니다.

영어의 'Nice to meet you!'와 같은 의미입니다. '见到你很高兴! 만나서 반갑습니다!'라고 말하기도 합니다.

9

姓 xìng 성은 ~이다 ▷ '性 xìng' 과 혼동하지 않도록 주의합니다.

名字 míngzi 이름 ▷ '字'를 '子'로 쓰지 않도록 주의합니다.

상황회화 45 page

李珉	初次见面! 처음 뵙겠습니다!
王明	请多多关照! 잘 부탁드립니다!
李珉	您贵姓? 성함이 어떻게 되십니까?
王明	我姓王, 叫王明。您贵姓?
	성은 왕이고, 왕명이라고 합니다. 성함이 어떻게 되십니까?
李珉	我姓李, 叫李珉。 성은 이고, 이민이라고 합니다.
王明	认识你很高兴! 알게 되어 반갑습니다!
李珉	认识你我也很高兴! 저도 당신을 알게 되어 반갑습니다!

Exercise 듣기  46 page

1 ① 见面 jiànmiàn ② 认识 rènshi ③ 名字 míngzi
④ 高兴 gāoxìng ⑤ 什么 shénme ⑥ 关照 guānzhào

2 정답 C

A : 您贵姓? 성은 무엇입니까? B : 我姓王。제 성은 왕입니다.

3 정답 D

A : 认识你很高兴! 알게 되어 반갑습니다!

B : 认识你我也很高兴! 저도 알게 되어 반갑습니다!

4 정답 B

A : 初次见面! 처음 뵙겠습니다! B : 请多多关照! 잘 부탁드립니다!

Exercise 말하기

47 page

1 A : 你身体好吗？ 건강하십니까?

   B : 我身体很好！谢谢！ 아주 건강합니다. 고맙습니다!

   A : 不客气！ 별말씀을요!

2 (1) 你叫什么名字？ 이름이 무엇입니까?

   (2) 认识你我也很高兴。 저 또한 당신을 알게 되어 반갑습니다.

   (3) 请多多关照！ 잘 부탁드립니다.

   (4) 初次见面！ 처음 뵙겠습니다.

   (5) 我身体很好。 아주 건강합니다.

Exercise 쓰기

48 page

1 您贵姓？ 성이 무엇입니까?

2 你叫什么名字？ 이름이 무엇입니까?

3 认识你很高兴！ 만나서 반갑습니다.

4 初次见面！ 처음 뵙겠습니다!

5 请多多关照！ 잘 부탁드립니다!

PART 04

今天几月几号?

오늘은 몇 월 며칠입니까?

학습목표

1 1부터 10까지 중국어로 숫자 세기
2 숫자와 관계된 회화 배우기

기본회화 52 page

A : 今天几月几号? 오늘은 몇 월 며칠이죠?

B : 今天四月三号。 오늘은 4월 3일입니다.

A : 今天星期几? 오늘은 무슨 요일입니까?

B : 今天星期三。 오늘은 수요일입니다.

A : 你的电话号码是多少? 당신의 전화번호는 몇 번입니까?

B : 我的电话号码是712-9982。 제 전화번호는 712-9982입니다.

전화번호를 말할 때는 숫자 '1'을 다른 발음과 헷갈리지 않도록 'yāo'라고 발음합니다. 이 외에도 방 번호나 차 번호 등을 말할 때도 '1'을 'yāo'라고 발음합니다.

王明	今天几月几号? 오늘이 몇 월 며칠이죠?
金小英	今天五月九号。 5월 9일이에요.
王明	今天星期几? 오늘이 무슨 요일이죠?
金小英	今天星期五。 금요일이에요.
王明	你的电话号码是多少? 전화번호가 몇 번이죠?
金小英	我的电话号码是514-8092。 내 전화번호는 514-8092번이에요.
王明	谢谢! 明天见! 고마워요, 내일 봐요!
金小英	明天见! 내일 봐요!

Exercise 듣기

54 page

1 (1) 今天 jīntiān　　(2) 电话号码 diànhuà hàomǎ

　　(3) 明天 míngtiān　　(4) 多少 duōshao

2 정답 D

A : 今天星期几? 오늘은 무슨 요일입니까?

B : 今天星期二。 화요일입니다.

3 정답 B

A : 她的电话号码是多少? 그녀의 전화번호는 몇 번입니까?

B : 她的电话号码是9136-9982。 그녀의 번호는 9136-9982입니다.

4 정답 C

A : 今天几月几号? 오늘은 몇 월 며칠입니까?

B : 今天七月十五号。 오늘은 7월 15일입니다.

1 A : 今天几月几号? 오늘은 몇 월 며칠입니까?

　 B : 今天五月十七号。 오늘은 5월 17일입니다.

2 A : 今天星期几? 오늘은 무슨 요일입니까?

　 B : 今天星期四。 목요일입니다.

3 A : 你的电话号码是多少? 전화번호가 몇 번이죠?

　 B : 我的电话号码是sān bā líng - sān bā liù qī。 제 번호는 380-3867입니다.

56 page

1 今天星期四。

2 金小英, 好久不见!

3 认识你我也很高兴!

4 明天几月几号?

5 你的电话号码是多少?

PART 05

我是学生。 나는 학생입니다.

학습목표
1 동사 是에 대해서 배웁니다.
2 직업의 종류 중국어로 알아보기

기본회화 62 page

01
A : 你是学生吗? 당신은 학생입니까?
B : 我是学生。 나는 학생입니다.

02
A : 你是老师吗? 당신은 선생님입니까?
B : 我不是老师，我是学生。 나는 선생님이 아니고, 학생입니다.

03
A : 这是书吗? 이것은 책입니까?
B : 这不是书，这是本子。 이것은 책이 아니라 노트입니다.

단어설명

学生 xuésheng 학생 ▷ 이 단어에서 '生'은 경성입니다. 하지만 대학생(大学生 dàxuéshēng), 유학생(留学生 liúxuéshēng)에서는 '生'을 1성으로 읽습니다.

老师 lǎoshī 선생님 ▷ 초등학교 선생님부터 대학 교수까지를 '老师'라고 하며, 우리말에서 선생님이라고 쓰는 '先生'은 중국어에서는 일반적인 남자를 호칭할 때 쓰는 말입니다.

상황회화 63 page

王明	早上好! 좋은 아침입니다!
金小英	早上好! 좋은 아침이에요!
	'早上好'와 같은 아침 인사로 '早'가 있습니다.
王明	他是老师吗? 저 사람이 선생님이신가요?
金小英	不, 他不是老师, 他是学生。 아뇨, 선생님이 아니라 학생이에요.
王明	他叫什么名字? 저 사람은 이름이 뭐죠?
金小英	我也不知道。 저도 몰라요.

단어설명

知道 zhīdao 알다 ▷ '知道 zhīdao'의 부정은 '不知道 bù zhīdào'입니다. 긍정문에서는 '道 dao'가 경성이지만, 부정문에서는 제 성조인 4성 'dào'으로 발음해야 합니다.

 64 page

1 동사 是

긍정형	부정형
· 我是老师。 나는 선생입니다.	我不是老师。 나는 선생이 아닙니다.
· 他是模特儿。 그는 모델입니다.	他不是模特儿。 그는 모델이 아닙니다.
· 他们是运动员。 그들은 운동선수입니다.	他们不是运动员。 그들은 운동선수가 아닙니다.
· 那是桌子。 그것은 탁자입니다.	那不是桌子。 그것은 탁자가 아닙니다.

2 吗의문문

평서형	의문형
· 我是总经理。 나는 사장입니다.	你是总经理吗? 당신은 사장님입니까?

▷ 의문문을 만들 때 '주어'와 '서술어'의 위치는 변화가 없습니다.

▷ 2인칭인 '你'로 물으면 '我'로 답한다는 점을 기억하세요.

16

· 他是警察。 그는 경찰입니다.　　他是警察吗? 그가 경찰입니까?

· 她是歌手。 그녀는 가수입니다.　　她是歌手吗? 그녀는 가수입니까?

▷ 3인칭의 경우 '他'로 물으면 '他'로 대답하고, '她'로 물으면 '她'로 대답합니다.

· 这是电话。 이것은 전화입니다.　　这是电话吗? 이것은 전화입니까?

3 인칭대명사

▷ '他'는 남성을 가리키며, '她'는 여성을 가리킵니다. '它'는 사물을 가리키며, 남성과 여성을 함께 지칭할 때는 '他们'을 씁니다.

66 page

1　정답 C

　我是歌手。 나는 가수입니다.

2　정답 B

　他是老师。 그는 선생님입니다.

3　정답 A

　这是电话。 이것은 전화입니다.

4　정답 B

　那是书。 저것은 책입니다.

67 page

1　(1) 你是老师吗?

　　(2) 他们是运动员吗?

　　(3) 这是铅笔吗?

　　(4) 那是书包吗?

2 (1) A : 她是学生吗? 그녀는 학생입니까? B : 她是学生。 그녀는 학생입니다.

(2) A : 那是手机吗?　　　　　　　　B : 那不是手机，那是电话。
그것은 휴대전화입니까?　　　　　　　　그것은 휴대전화가 아니라 전화입니다.

68 page

1 (1) 他们不是学生。 그들은 학생이 아닙니다.

(2) 她不是金小英。 그녀는 김소영이 아닙니다.

(3) 这不是电话。 이것은 전화가 아닙니다.

(4) 我不是模特儿。 나는 모델이 아닙니다.

2 (1) **정답** D

那不是词典。 그것은 사전이 아닙니다.

(2) **정답** A

他们是运动员吗? 그들은 운동선수입니까?

(3) **정답** C

那不是本子，那是书。 그것은 노트가 아니고 책입니다.

Exercise 쓰기

69 page

1 我是学生。

2 他是模特儿吗?

3 这不是本子，那是本子。

4 他不是大学生，他是公司职员。

5 他不是医生，他是护士。

PART 06

你是哪国人?

당신은 어느 나라 사람입니까?

학습목표
1 의문사 의문문과 관형어 알아보기

기본회화　72 page

A : 你是哪国人? 당신은 어느 나라 사람입니까?
B : 我是韩国人。 나는 한국인입니다.

A : 他是谁? 그는 누구입니까?
B : 他是我的朋友。 그는 내 친구입니다.

A : 这是什么书? 이것은 무슨 책입니까?
B : 这是汉语书。 (이것은) 중국어 책입니다.

상황회화　73 page

李珉　　她是谁? 저 여자 누구야?

李娜　　谁? 她? 她是金小英。 누구? 저 여자? 그녀는 김소영 씨야.

李珉　　她是你(的)同事吗? 회사 동료야?

19

李娜	是, 她是我 (的) 同事。 응. 회사 동료야.

이 문장에서는 '的'를 생략할 수 있습니다. '的'를 써서 관형어를 만들 때 친족, 친구, 내가 속한 단체를 수식할 때는 '的'를 생략할 수 있습니다.

李珉	她是日本人吗? 일본 사람인가?
李娜	她不是日本人。 일본 사람 아니야.
李珉	那么, 她是哪国人? 그럼 어느 나라 사람인데?
李娜	她是韩国人。 한국 사람.

74 page

1 의문사 의문문

- 사람을 물을 때   她是谁? 그녀는 누구입니까?
- 사물을 물을 때   这是什么? 이것은 무엇입니까?
- 장소를 물을 때   你去哪儿? 당신은 어디에 갑니까?
- 날짜를 물을 때   今天几月几号? 오늘은 몇 월 며칠입니까?
- 가격을 물을 때   这个多少钱? 이건 얼마입니까?

▷ 앞에서 전화번호를 물을 때도 '多少 duōshao'를 사용했습니다. 예) 你的电话号码多少?

▷ 의문대명사는 무엇을 묻느냐에 따라 주어, 관형어, 목적어의 자리에 올 수 있습니다. 대답은 의문사가 놓인 자리에 넣어주면 됩니다.

2 관형어

- 我爷爷是医生。 우리 할아버지는 의사입니다.
- 李老师是他们的老师。 이 선생님은 그들의 선생님입니다.
- 那是谁的本子? 그것은 누구 공책입니까?

▷ '관형어'는 반드시 주어나 목적어가 되는 명사 앞에 위치합니다.

▷ 문장을 볼 때는 주어＋술어＋목적어의 구조를 찾으면서 보는 습관을 기르도록 합니다.

3 구조조사 '的'

- 前边的同学叫什么名字? 앞쪽의 학생은 이름이 무엇입니까?
- 这是我的书。 이것은 내 책입니다.

· 她是我(的)妈妈。 그녀는 우리 엄마입니다.

· 他是我(的)丈夫。 그는 내 남편입니다.

· 他是我(的)朋友。 그는 내 친구입니다.

▷ 구조조사란 어법 관계에 쓰이는 조사를 말합니다.

Exercise 듣기

76 page

1 정답 A

这是英语书。 이것은 영어책입니다.

2 정답 B

那不是书, 那是本子。 저것은 책이 아니라, 공책입니다.

3 정답 C

她是我妈妈。 그녀는 우리 엄마입니다.

4 정답 A

我是日本人。 나는 일본인입니다.

Exercise 말하기

77 page

1 (1) 你去哪儿? 어디 가세요?

(2) 今天几月几号? 오늘은 몇 월 며칠입니까?

(3) 她是谁? 그녀는 누구입니까?

(4) 他是哪国人? 그는 어느 나라 사람입니까?

(5) 这是什么书? 이것은 무슨 책입니까?

2 (1) A : 她是谁? 그녀는 누구입니까?　　B : 她是我妈妈。 그녀는 우리 엄마입니다.

(2) A : 他是哪国人?　　　　　　　　B : 他是中国人。

그는 어느 나라 사람입니까?　　　　　그는 중국 사람입니다.

1 정답 B

他不是韩国人。 그는 한국인이 아닙니다.

2 정답 A

谁是你们的老师? 누가 당신들 선생님입니까?

3 정답 C

这是谁的本子? 이것은 누구의 공책입니까?

4 정답 D

那是我妹妹的汉语书。 그것은 내 여동생의 중국어 책입니다.

5 정답 B

你们的老师是中国人吗? 당신들 선생님은 중국인입니까?

 Exercise 쓰기

79 page

1 我(的)朋友是中国人。

2 这不是我的书，这是我弟弟的书。

3 他是哪国人？

4 她是法国人。

5 那是什么书？

6 他不是美国人，他是英国人。

22

PART 07

我有妹妹。

난 여동생이 있습니다.

학습목표

1 동사 '有'를 알아보기

2 가족 호칭에 대해서 알아보기

기본회화 84 page

A : 你有弟弟吗? 당신은 남동생이 있습니까?

B : 我没有弟弟, 我只有妹妹。 전 남동생은 없고, 여동생만 있습니다.

A : 你家有几口人? 당신 집은 몇 식구입니까?

B : 我家有三口人。 우리 집은 세 식구입니다.

A : 你家有什么人? 가족이 누가 있습니까?

B : 我家有爸爸、妈妈和我。 아빠, 엄마 그리고 접니다.

단어설명

没有 méiyǒu ～이 없다 ▷ '有'의 부정형은 꼭 '没'를 써줍니다. '没有'가 동사 '～이 없다'의
의미로 쓰일 때는 존재나 소유의 부정을 나타내며 뒤에 목적어가 따라옵니다.

只有 zhǐyǒu ～밖에 없다 ▷ 명사 앞에 놓여 명사의 수량을 제한하는 역할을 합니다.

金小英	你家有几口人? 식구가 몇이에요?

식구 수를 말할 때는 반드시 양사 '口'를 씁니다.

李珉 我家有四口人。 네 식구입니다.

金小英 你家有什么人? 집에는 누가 있는데요?

李珉 我家有爸爸、妈妈、妹妹和我。 아버지, 어머니, 여동생, 그리고 접니다.

金小英 你妹妹也是公司职员吗? 여동생도 회사원인가요?

李珉 不, 她不是公司职员, 她是大学生。
아니요, 여동생은 회사원이 아니라 대학생입니다.

어법배우기 86 page

1 동사 有

긍정형	부정형
· 我有弟弟。 나는 남동생이 있습니다.	我没有弟弟。 나는 남동생이 없습니다.
· 他有女朋友。	他没有女朋友。
그는 여자 친구가 있습니다.	그는 여자 친구가 없습니다.
· 我妹妹有手机。	我妹妹没有手机。
내 여동생은 휴대전화가 있습니다.	내 여동생은 휴대전화가 없습니다.

2 의문대명사 几

· 你家有几口人? (당신 집은) 가족이 몇 명입니까?

· 你有几本汉语书? 당신은 중국어 책을 몇 권 가지고 있습니까?

· 你有几部手机? 휴대전화를 몇 대 가지고 있어요?

· 你朋友有几个妹妹? 당신 친구는 여동생이 몇 명 있습니까?

▷ 의문대명사 '几'는 그 자체로 의문문을 만들기 때문에 의문 어기조사 '吗'와 함께 쓰지 않습니다.

3 二 과 两

· 第二 둘째　　　　　　　· 二月 2월　　　　　　· 一二三… 1, 2, 3…

· 今天二月二号。 오늘은 2월 2일입니다.

· 我有两本书。 나는 책을 두 권 가지고 있습니다.

· 我朋友有两个哥哥。 내 친구는 오빠가 둘 있습니다.

4 양사

· 一本书 책 1권　　　　　　· 一支铅笔 연필 한 자루

· 一个苹果 사과 1개　　　　· 一杯茶 차 한 잔

· 一部电影 영화 한 편

Exercise 듣기
88 page

1 정답 C

他有两部手机。 그는 핸드폰을 두 대 가지고 있습니다.

2 정답 D

我有一本汉语书、两个本子。 나는 중국어 책 한 권과 공책 두 권을 가지고 있습니다.

3 정답 A

A : 你有几个妹妹? 여동생이 몇 명 있습니까?

B : 我有两个妹妹。 나는 여동생이 두 명 있습니다.

4 정답 B

A : 你家有几口人? 당신 집은 몇 식구입니까?

B : 我家有三口人。 우리 집은 세 식구입니다.

Exercise 말하기

89 page

1 (1) 我没有手机。 나는 휴대전화가 없습니다.

(2) 他们有电脑。 그들은 컴퓨터가 있습니다.

(3) 李老师没有圆珠笔。 이 선생님은 볼펜이 없습니다.

2 (1) A : 你有什么书？ 당신은 무슨 책을 가지고 있습니까?

B : 我有英语书。 나는 영어책을 가지고 있습니다.

(2) A : 他家有几口人？ 그의 집은 식구가 몇 명입니까?

B : 他家有五口人。 다섯 식구입니다.

Exercise 어법

90 page

1 정답 B

我没有弟弟，我有妹妹。 나는 남동생은 없고, 여동생이 있습니다.

2 정답 C

你有几部手机？ 당신은 핸드폰이 몇 대 있습니까?

3 정답 A

他也有两本汉语书。 그도 중국어 책 두 권을 가지고 있습니다.

4 정답 B

她的男朋友没有电脑。 그녀의 남자 친구는 컴퓨터가 없습니다.

5 정답 D

你家有几口人？ 당신네 식구는 몇 명입니까?

1 他没有手机。

2 他家有几口人?

3 你家有什么人?

4 你有几本汉语书?

5 她有几个哥哥?

6 我家不是三口人，只有两口人。

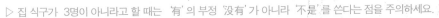

▷ 집 식구가 3명이 아니라고 할 때는 '有'의 부정 '没有'가 아니라 '不是'를 쓴다는 점을 주의하세요.

PART 08

你喜欢吃什么菜?

어떤 음식을 좋아하세요?

학습목표

1 동사술어문 배우기
2 부사 '也/都' 와 '呢' 의문문 익히기

기본회화 94 page

A : 你喜欢吃什么菜? 당신은 어떤 음식을 좋아합니까?
B : 我喜欢吃中国菜。 저는 중국 음식을 좋아합니다.

'喜欢' 은 '爱ài' 와 바꾸어 쓸 수 있습니다.

A : 你喝可乐吗? 콜라 마실래요?
B : 我不喝可乐, 我喝茶。 전 콜라 안 마시고, 차 마시겠습니다.

A : 我喝咖啡, 你呢? 난 커피 마실래요. 당신은요?
B : 我也喝咖啡。 저도 커피 마실래요.

단어설명

吃 chī 먹다 ▷ '밥 먹다' 는 '吃饭', '식사하셨어요?' 는 '你吃饭了吗?' 라고 합니다. 정말 식사를 했냐고 물어보는 경우도 있지만, 우리나라처럼 안부 인사로도 쓰입니다.

菜 cài 반찬, 음식 ▷ '菜' 의 대표적 의미는 '반찬' 이며, 또 '요리' 라는 큰 의미를 내포하기도 합니다. 그래서 중국 요리는 '中国菜 Zhōngguó cài', 한국 요리는 '韩国菜 Hánguó cài' 라고 합니다.

喝 hē 마시다 ▷ 우리는 '술을 먹다', '술을 마시다' 처럼 마시는 것과 먹는 것을 혼동해 사용하지만 중국어에서는 엄격히 구분됩니다. 그래서 '술을 마신다' 고 할 때는 '마시다' 란 동사 '喝' 와 술인 '酒' 를 합쳐 '喝酒' 라고 합니다.

王明	你喝可乐吗? 콜라 마실래요?
金小英	我不喝可乐, 我喝咖啡。 전 콜라 말고 커피 마실래요.
王明	你喜欢吃什么? 어떤 음식을 좋아하세요?
金小英	我喜欢吃面条, 你呢? 전 국수를 좋아해요, 당신은요?
王明	我也喜欢吃面条。 저도 국수를 좋아해요.
金小英	但今天我想吃比萨饼。 근데 오늘은 피자가 먹고 싶어요.
王明	今晚我请客。 오늘 저녁에 제가 한턱낼게요.

어법배우기 **96** page

1 동사술어문

- 我去学校。 나는 학교에 갑니다.　　　　我不去学校。 나는 학교에 안 갑니다.
- 他看电影。 그는 영화를 봅니다.　　　　他不看电影。 그는 영화를 안 봅니다.
- 我叫金小英。 나는 김소영이라고 합니다.　　我不叫金小英。 저는 김소영이 아닙니다.
- 他家有四口人。　　　　　　　　　　他家不是四口人。
  그의 집은 네 식구입니다.　　　　　　　그의 집은 네 식구가 아닙니다.

▷ 동사술어문을 부정할 때 '不'는 주로 주관적인 일에, '没(有)'는 주로 객관적인 경우에 씁니다.

2 부사 也/都

- 我学汉语, 他也学汉语。 나는 중국어를 배우고, 그도 중국어를 배웁니다.
- 我学汉语, 也学英语。 나는 중국어도 배우고, 영어도 배웁니다.
- 我们都去图书馆。 우리들은 모두 도서관에 갑니다.
- 我们也都去图书馆。 우리들도 모두 도서관에 갑니다.

▷ 문장 내에 '也'와 '都'가 함께 나오면 반드시 '也+都'의 순으로 씁니다.

3 呢의문문

· 我去公司，你呢？ 나는 회사에 갈 건데, 당신은요?

· 你看电视，他呢？ 넌 텔레비전 보고, 쟤는?

· A : 你妈妈呢？ 네 엄마는?

  B : 我妈妈看电视。 엄마는 텔레비전 보세요.

▷ '你呢'는 '너는?' 하고 상대방의 의향을 묻는 의문문입니다. 앞문장으로 뒷문장 내용이 추측 가능해 뒷말이 생략된 경우로서, 술어의 중복을 막아주기도 합니다.

예) 我去公司，你呢？⇒ 我去公司，你去哪儿？

예) 我喝咖啡，你呢？⇒ 我喝咖啡，你喝什么？

예) 我爱你，你呢？⇒ 我爱你，你爱我吗？

Exercise 듣기

98 page

1 정답 A

我爸爸去公司。 우리 아빠는 회사에 가십니다.

2 정답 D

A : 我去学校，你呢？ 나는 학교 가는데, 너는?

B : 我去图书馆。 나는 도서관에 갑니다.

Q : 男的去哪儿？ 남자는 어디 갑니까?

3 정답 A

A : 你喝可乐吗？ 콜라 마실래요?

B : 我不喝可乐，我喝茶。 저는 콜라 말고 차를 마실래요.

Q : 女的喝什么？ 여자는 무엇을 마십니까?

99 page

1 (1) 他也看书。 그도 책을 봅니다.

(2) 我去教堂，他也去教堂。 나는 교회에 가고, 그도 교회에 갑니다.

(3) 我学汉语，也学英语。 나는 중국어도 배우고 영어도 배웁니다.

(4) 我们也都去医院。 우리들도 모두 병원에 갑니다.

2 (1) A : 你喝什么？ 넌 뭐 마셔?

B : 我喝可乐。 난 콜라 마셔.

(2) A : 他做什么？ 그는 무엇을 합니까?

B : 他看书。 그는 책을 봅니다.

Exercise 어법

100 page

1 정답 A

我朋友不吃饭。 내 친구는 밥을 먹지 않습니다.

2 정답 B

我们也都去学校。 우리들도 모두 학교에 갑니다.

3 정답 C

我爸爸喜欢去公司。 우리 아빠는 회사에 가는 것을 좋아합니다.

4 정답 C

他们也都不喝茶。 그들도 모두 차를 마시지 않습니다.

5 정답 D

我家不是五口人。 우리 집은 다섯 식구가 아닙니다.

1 我不喝咖啡，我喝茶。

2 你喜欢吃哪国菜？

3 我妹妹喜欢喝牛奶。

4 她看电影。

5 我学汉语，也学日语。

6 我家有七口人。

PART 09

他在哪儿工作?

그는 어디에서 근무하죠?

학습목표

1 '在'의 쓰임과 역할

2 의문사 '哪儿'

기본회화 106 page

A : 你在哪儿? (당신은) 어디에 있어요?

B : 我在公司。 회사에 있습니다.

A : 你在家做什么? 당신은 집에서 뭘 합니까?

B : 我在家看电视。 나는 집에서 텔레비전을 봅니다.

A : 他在哪儿工作? 그 사람은 어디서 일합니까?

B : 他在医院工作。 그는 병원에서 일합니다.

단어설명

在 zài ~에 있다 ▷ 동사로 쓰였을 경우 '在' 뒤에는 항상 장소를 나타내는 목적어가 옵니다.

做 zuò 하다 ▷ '干gàn'과 바꿔 쓸 수 있습니다.

工作 gōngzuò 일(하다) ▷ '工作'는 동사(일하다)와 명사(일)로 다 쓰이고, 명사형으로 쓰일 때는 동사 '做zuò'를 사용해 '做工作'라고 씁니다.

상황회화 **107 page**

金小英	李珉, 你家在哪儿? 이민 씨, 집이 어디예요?
李珉	我家在首尔。 저희 집은 서울입니다.
金小英	你爸爸在哪儿工作? 아버님은 어디서 일하세요?
李珉	他在银行工作。 아버님은 은행에서 일하십니다.
金小英	你妈妈做什么工作? 어머니는 무슨 일을 하시는데요?
	직업을 물어보는 표현입니다. 물을 때는 '○做什么工作?', 대답할 때는 '是○○○'라고 합니다.
李珉	我妈妈不工作, 她是家庭主妇。 어머니는 일을 안 하십니다, 가정 주부입니다.
	가정 주부는 '家庭主妇' 외에도 '家庭妇女'란 표현이 있습니다. 단 '家庭妇女'는 집안일만 한다는 부정적인 뉘앙스가 섞여 있습니다.

어법배우기 **108 page**

1 在

· 我在家。 나는 집에 있습니다.　　　我在家看书。 나는 집에서 책을 봅니다.

· 他在公司。 그는 회사에 있습니다.　　他在公司工作。 그는 회사에서 일을 합니다.

▷ 문장 내에 '在' 하나만 나오면, '在'가 '동사'로 쓰인 것이고, 문장구조가 '在+(장소)+동사' 식으로 이루어져 있으면, 이때 '在'가 '개사'로 쓰인 것입니다.

· 他在朋友那儿。 그는 친구 집에 있습니다.

· 你的书在我这儿。 당신 책은 나한테 있습니다.

· 李珉去他妹妹那儿。 이민은 여동생한테 갑니다.

· 金小英来我们这儿。 김소영은 우리가 있는 곳으로 옵니다.

▷ '在' 뒤에는 일반적으로 장소목적어가 오지만, '在' 뒤에 사람을 나타내는 목적어가 오는 경우가 있는데, 이때는 지시대명사 '这儿'이나 '那儿'을 붙여 장소목적어로 만들어 줍니다.

· 我不在家。 나는 집에 없습니다.

· 她不在朋友那儿玩儿。 그녀는 친구 집에서 놀지 않습니다.

2 의문사 哪儿

· 他在哪儿? 그는 어디 있습니까?

· 你去哪儿? 어디 가세요?

· 你朋友在哪儿工作? 당신 친구는 어디서 일합니까?

· 这是什么地方? 여기는 어디입니까?

▷ '这'는 사물을 가리켜 '이것'이라고도 하지만, 여기서는 장소를 가리켜 '여기'라고 합니다.

Exercise 듣기

110 page

1 정답 C

A : 李珉在公司吗? 이민은 회사에 있습니까?

B : 他不在公司，他在图书馆。 그는 회사에 있지 않고 도서관에 있습니다.

2 정답 D

A : 李珉在家做什么? 이민은 집에서 뭘 합니까?

B : 他在家看书。 그는 집에서 책을 봅니다.

3 정답 A

A : 李珉在哪儿工作? 이민은 어디에서 일을 합니까?

B : 他在医院工作。 그는 병원에서 일합니다.

Exercise 말하기

111 page

1 (1) A : 你哥哥在哪儿?　　　B : 他在银行。

(2) A : 李娜在哪儿?　　　B : 李娜在公园。

(3) A : 韩老师在书店做什么?　B : 韩老师在书店看书。

(4) A : 李珉在家做什么?　　B : 他在家吃饭。

35

112 page

1 (1) 他不在公园。

(2) 你的书包不在我这儿。

(3) 她不在家休息。

(4) 她不在图书馆看书。

2 (1) 정답 C

金小英在朋友那儿。 김소영 씨는 친구 집에 있습니다.

(2) 정답 B

他叔叔在公司工作。 그의 삼촌은 회사에서 일하십니다.

(3) 정답 D

你妈妈做什么工作? 엄마는 무슨 일을 하십니까?

Exercise 쓰기

113 page

1 他在哪儿?

2 他妹妹在你那儿做什么?

3 我弟弟在书店买杂志。

4 你爷爷做什么工作?

5 我弟弟不在图书馆，他在学校。

PART 10

你有没有车?

당신은 차가 있습니까?

학습목표

1 반문의문문, 선택의문문
2 교통 수단 익히기

기본회화 **116** page

A : 你有没有车? 당신은 자가용이 있습니까?

B : 我有一辆越野车。 SUV자동차가 한 대 있습니다.

'车'는 '汽车'의 줄임말입니다. 예) 你有没有汽车?
'车'의 양사는 '辆', '部' 모두를 사용합니다.

A : 这辆自行车是你的还是他的? 이 자전거는 당신 건가요 아니면 그의 건가요?

B : 是我的。 제 것입니다.

A : 他的摩托车是什么颜色的? 그의 오토바이는 무슨 색입니까?

B : 他的摩托车是黑的。 그의 오토바이는 검은색입니다.

단어설명

颜色 yánsè 색 ▷ 중국인들은 '色儿 sèr'이라고 발음하기도 합니다.

自行车 zìxíngchē 자전거 ▷ 자전거의 대수를 세는 양사는 '辆'이며, '자전거를 타다'라고 할 때는
동사 '骑qí'를 씁니다.

金小英	王明，这辆车是你的还是李珉的？
	왕명 씨, 이 차가 당신 건가요, 이민 씨 건가요?
王明	是李珉的。 이민 씨 차입니다.
金小英	那你有没有车？ 그럼 당신은 차가 없나요?
王明	我没有汽车，我有一辆摩托车。 차는 없고 오토바이가 한 대 있어요.
金小英	你的摩托车是什么牌子的？ 오토바이는 어디 건데요?
王明	哈雷戴维森。 Harley-Daridson.
	중국어에서는 외국 메이커를 영어 이름으로 직접 쓰지 않고, 중국식으로 표기합니다.
金小英	哇，太棒了！ 와~ 멋지다!

1 반복의문문

· 你朋友有没有汉语书？ 당신 친구는 중국어 책을 가지고 있습니까?

（＝你朋友有汉语书没有?）

· 你是不是中国人？ 당신은 중국인입니까?

（＝你是中国人不是?）

· 她在不在公司？ 그녀는 회사에 있습니까?

2 선택의문문

· A : 你去还是他去？ 당신이 갑니까, 아니면 그가 갑니까?

B : 他去。 그가 갑니다.

· A : 他在家还是在学校？ 그는 집에 있어요 (아니면) 학교에 있어요?

B : 他在学校。 그는 학교에 있습니다.

▷ 선택의문문은 대답하는 사람이 반드시 하나를 선택해야 하며, '还是' 뒤에는 '是'를 중복하지 않습니다.

· 那本词典是你的还是他的？ 저 사전은 당신 것입니까 (아니면) 그의 것입니까?

3 的자 구조

· 那支钢笔是我的。저 만년필은 제 것입니다. (我的 = 我的钢笔)

那支钢笔不是我的，是老师的。저 만년필은 내 것이 아니라 선생님 것입니다.

· 红的是我的毛衣。빨간색이 제 스웨터입니다. (红的 = 红的毛衣)

红的不是我的毛衣，是我妹妹的。빨간색은 내 스웨터가 아니라 내 여동생 것입니다.

Exercise 듣기

120 page

1 정답 A

A : 你有没有车? 차 있어요?

B : 我没有车，我有一辆自行车。전 차는 없고, 자전거가 한 대 있습니다.

2 정답 C

A : 他的衣服是红的还是蓝的? 그의 옷은 빨간색입니까, 파란색입니까?

B : 他的衣服是蓝的。그의 옷은 파란색입니다.

3 정답 B

A : 今天你去学校还是去图书馆? 당신은 오늘 학교에 갑니까, 도서관에 갑니까?

B : 今天我去学校。오늘은 학교에 갑니다.

Q : 今天男的去哪儿? 오늘 남자는 어디에 갑니까?

Exercise 말하기

121 page

1 (1) 你有没有电脑? or 你有电脑没有?

(2) 他去不去学校?

(3) 她是不是中国人? or 她是中国人不是?

2 (1) A : 他的大衣是黄的还是蓝的? B : 他的大衣是蓝的。

(2) A: 她在公园玩儿还是运动?　　B: 她在公园玩儿。

122 page

1 (1) 他是老师还是学生? 그는 선생님입니까, 학생입니까?

(2) 你的自行车是新的还是旧的? 당신 자전거는 새것입니까, 헌것입니까?

(3) 你的摩托车是黑的还是白的? 당신 오토바이는 검은색입니까, 흰색입니까?

(4) 她在学校还是在图书馆? 그녀는 학교에 있습니까, 도서관에 있습니까?

2 (1) 정답 B

我妹妹的毛衣不是红的。 내 여동생의 스웨터는 빨간색이 아닙니다.

(2) 정답 C

这本书也是王明的。 이 책도 왕명의 것입니다.

(3) 정답 A

他的毛衣是什么颜色的? 그의 스웨터는 무슨 색깔입니까?

123 page

1 我的车是红的。

2 这个钱包是你的还是他的?

3 李老师的毛衣是什么颜色的?

4 你的自行车是新的吗?

5 你是不是中国人?　or　你是中国人不是?

6 这本书不是他的, 是他妹妹的。

PART **11**

这件衣服很好看。

이 옷은 아주 예뻐요.

학습목표
1 형용사 술어문
2 의문사 '怎么样'

기본회화 128 page

A : 这件衣服好看吗? 이 옷 예쁘죠?
B : 这件衣服很好看。 예쁘네요.

A : 这T恤衫便宜吧? 이 티셔츠 저렴하죠?
B : 不, 这T恤衫有点儿贵。 아니요, 좀 비싸요.

A : 那条裤子怎么样? 저 바지 어때요?
B : 那条裤子不好看。 (저 바지는) 안 예뻐요.

단어설명

怎么样 zěnmeyàng 어때? 어떤가요? ▷ 상태에 대해 묻는 의문사로 사람과 사물 모두에 쓰입니다.

(예) A: 我怎么样? 나 어때? B: 不怎么样! 꽝이야!

有点儿 yǒudiǎnr 조금, 약간 ▷ 대개 여의치 않은 일에 쓰입니다.

李娜	东东，这件T恤衫怎么样？ 동동. 이 티셔츠 어때?
东东	你的T恤衫很好看。 네 티셔츠 예쁜데.
李娜	那，这条裤子呢？ 그럼 이 바지는?
东东	不错，贵不贵？ 괜찮네. 비싸?
李娜	不贵，很便宜。 아니. 아주 싸.
东东	是吗？那我也想买一条。 그래? 그럼 나도 하나 사야겠다.
李娜	你明天有时间，跟我一起去买吧。 내일 시간 있으면 나랑 같이 사러 가자.
	'吧'는 '~하자'라는 청유형으로 쓰였습니다. 예)我们喝茶吧。우리 차 마셔요.
东东	好的。 좋아

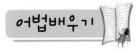

어법배우기

130 page

1 형용사술어문

· 我很忙。나는 바쁩니다.　　　　我不太忙。나는 그다지 바쁘지 않습니다.

· 她很漂亮。그녀는 예쁘다.　　　　她不漂亮。그녀는 예쁘지 않다.

· 这条牛仔裤很贵。　　　　　　　这条牛仔裤不太贵。
　이 청바지는 아주 비싸다.　　　　　이 청바지는 별로 비싸지 않다.

· 中国菜非常好吃。중국 음식은 아주 맛있습니다.

▷ 형용사술어문에 쓰이는 '很'은 굳이 해석하지 않아도 됩니다. 하지만 '很'이외의 '非常'과 같은 부사는 반드시 해석해 주어야 합니다. 그 외의 부사로는 '太', '最' 등이 있습니다.

(예) 在这里你最好看。여기서 당신이 제일 예뻐요.

2 吧의문문

· 他是老师吧？그 사람 선생님이죠?

· 这件T恤衫便宜吧？이 티셔츠 저렴하죠?

· 二十三号是星期一吧？23일이 월요일이죠?

3 의문사 怎么样

· A : 这件衣服怎么样？ 이 옷 어때요? (성질)

　B : 这件衣服太贵。 이 옷은 너무 비싸요.

· A : 他怎么样？ 그 사람 어때요? (상태)

　B : 他很帅。 그 사람 멋있어요.

· A : 我们去咖啡厅，怎么样？ 우리 커피숍 가는 거 어때요? (의향)

　B : 好的。 좋아요.

Exercise 듣기

132 page

1 정답 A

A : 你喜欢裤子还是裙子？ 당신은 바지가 좋아요, 치마가 좋아요?

B : 我喜欢裤子，特别喜欢牛仔裤。

　　전 바지를 좋아해요. 그 중에서도 청바지를 제일 좋아해요.

Q : 她最喜欢穿哪件衣服？ 그녀는 어떤 옷을 가장 좋아합니까?

2 정답 B

A : 他弟弟不太忙，他爸爸很忙。

　　그의 남동생은 별로 안 바쁘고, 아빠는 아주 바쁩니다.

B : 他爸爸没有他妈妈忙。 그의 아빠는 엄마보다는 바쁘지 않습니다.

Q : 谁最忙？ 누가 제일 바쁠까요?

3 정답 D

A : 这件T恤衫怎么样？ 이 티셔츠 어때요?

B : 还可以。 그럭저럭.

Q : 他们在哪儿？ 그들은 어디에 있습니까?

1 (1) 他弟弟很帅。

(2) 我们吃中国菜，怎么样？

(3) 他女朋友也很漂亮。

2 A: 他怎么样？　　　　　B: 他很帅。

A: 那件运动服怎么样？　　B: 那件运动服不太好看。

1 (1) 这件衣服太贵了。

(2) 我们的学校不太大。

(3) 我妹妹很漂亮。

2 (1) 정답 A

他女朋友也很漂亮。 그의 여자친구도 예쁩니다.

(2) 정답 C

你们的公司大不大？ 당신네 회사는 큽니까?

(3) 정답 B

这是我妈妈的钱包。 이것은 우리 엄마의 지갑입니다.

135 page

1 他们都很忙。

2 我爸爸太忙了。

3 这件衣服怎么样？

4 我们的学校不太大。

5 这条牛仔裤好看吧？

PART 12

她头发很长。

그녀는 머리가 길어요.

학습목표

1 주술술어문
2 의문사 '为什么'

기본회화 138 page

01

A : 他学习努力吗? 그는 열심히 공부해요?

B : 他学习很努力。 열심히 합니다.

02

A : 她眼睛大不大? 그녀는 눈이 큰가요?

B : 她眼睛不太大。 그녀의 눈은 별로 크지 않습니다.

03

A : 你为什么喜欢她? 당신은 왜 그녀를 좋아합니까?

B : 因为她头发很长。 (왜냐하면) 그녀는 머리가 길잖아요.

상황회화 139 page

李娜　　东东, 你哥哥个子高不高? 동동. 너네 형 키 커?

东东　　他个子很高, 一米八。 형 키 크지. 1미터 80인데.

李娜	眼睛呢, 大不大? 눈은 커?
东东	他眼睛不大, 单眼皮。 눈은 안 커, 외꺼풀인걸.
李娜	他做什么工作? 무슨 일을 하는데?
东东	他是会计师。 회계사.
李娜	那他有没有女朋友? 여자친구는 있어?
东东	没有, 你给他介绍一个吧。 없어. 너가 한 명 소개시켜 줘 봐.
李娜	东东, 你看, 我怎么样? 哈哈…。 동동. 난 어때? 하하...

140 page

1 주술술어문

· 他身体很好。 그는 컨디션이 좋습니다.

· 他鼻子很高。 그는 코가 높습니다.

· 我肚子疼。 나는 배가 아픕니다.

· 最近他身体不太好。 요즘 그의 컨디션은 별로 좋지 않습니다.

· 他这几天学习很努力。 그는 요 며칠 공부를 열심히 합니다.

▷ 중국어의 기본 문장은 '주어 + 술어' 로 이루어집니다. 이 중에서 주술술어문은 '주어 + 술어' 가 술어 역할을 하는 문장을 말합니다.

2 의문사 为什么

· A: 小朋友为什么哭? 꼬마야. 왜 우니?

  B: 我迷路了。 길을 잃어버렸어요.

· A: 明天你为什么不能来上课? 내일 왜 수업에 못 나와요?

  B: 明天我去中国。 내일 중국에 가거든요.

3 了

· A: 早上吃饭了吗? 아침 식사하셨어요?

  B: 吃了。 먹었어요.

· A : 昨天晚上你去哪儿了？ 어제 저녁 어디 갔었어요?
 B : 昨天晚上我去电影院了。 어제 저녁에 영화관에 갔었어요.

Exercise 듣기   142 page

1 정답 C

A : 她头发怎么样？ 그녀의 머리는 어떻습니까?

B : 她头发很长。 그녀는 머리가 깁니다.

2 정답 C

A : 他身体怎么样？ 그의 건강은 어떻습니까?

B : 他身体不太好，感冒了。 별로 좋지 않습니다. 감기에 걸렸어요.

3 정답 C

A : 他学习努力吗？ 그는 열심히 공부합니까?

B : 他学习很努力。 열심히 공부합니다.

Exercise 말하기   143 page

1 (1) 我儿子眼睛很大。

(2) 他工作很认真。

(3) 李珉个子很高。

2 (1) A : 她头发怎么样？   B : 她头发很短。

(2) A : 他身体怎么样？   B : 他身体不太好。

Exercise 어법   144 page

1 (1) 他吃饭了。

(2) 昨天我看了一部电影。

(3) 前天他去中国了。

2 (1) 정답 B

他工作非常认真。 그는 일에 굉장히 열심입니다.

(2) 정답 C

他们学校留学生不多。 그들 학교에는 유학생이 많지 않습니다.

(3) 정답 D

她眼睛不太大。 그녀는 눈이 그다지 크지 않습니다.

Exercise 쓰기   145 page

1 我们公司职员不多。

2 他个子高不高?

3 我工作不太忙。

4 这几天他身体不太好。

5 他妹妹工作非常认真。

49

PART **13**

苹果怎么卖?

사과 어떻게 팔아요?

학습목표

1 중국의 화폐 단위
2 과일 이름 익히기

기본회화 150 page

01

A : 这个多少钱? 이거 얼마예요?

B : 十块钱。 10원이에요.

02

A : 苹果怎么卖? 사과 어떻게 팔아요?

B : 五块一斤。 한 근에 5원입니다.

03

A : 我给你十块钱。 여기 10원요.

B : 我找您五块。 5원 거슬러 드릴게요.

단어설명

多少 duōshao 얼마나(주로 10 이상의 수를 물을 때 씁니다) ▷ 의문사 '几'를 확인합니다.

块 kuài 원(중국의 화폐 단위) ▷ 중국 화폐 단위의 순서와 가치는 다음과 같습니다.

块 kuài 〉 毛 máo 〉 分 fēn   1块 =10毛 =100分

50

金小英	苹果怎么卖? 사과 어떻게 팔아요?
服务员	大的五块一斤, 小的十块三斤。 큰 거는 1근에 5원, 작은 거는 3근에 10원이에요.
金小英	葡萄多少钱一斤? 포도는 한 근에 얼마예요?
服务员	两块五(毛)。 2.5원이에요.
金小英	一斤葡萄和三斤大苹果一共多少钱? 포도 1근하고 사과 큰 거 3근 해서 모두 얼마죠?
服务员	一共十七块五(毛)。 모두 17.5원입니다.
金小英	便宜一点儿吧? 十五块怎么样? 좀 싸게 해 주세요? 15원 어때요? 형용사로는 '값이 싸다' 는 의미가 있지만, 여기서는 '싸게 해 달라' 는 동사로 쓰이고 있습니다.
服务员	好的, 十五块吧。 좋아요, 15원에 합시다.
金小英	我给你二十块钱。 20원요.
服务员	我找您五块钱。 5원 거슬러 드리죠. 보통 돈을 낼 때는 '给', 거스름돈을 줄 때는 동사 '找' 를 씁니다.

단어설명

小的 xiǎo de 작은 것 ▷ '大的' 는 '큰 거', '小的' 는 '작은 거' 란 뜻으로, 화장실 용어로도 쓰입니다.
毛 máo 중국의 화폐 단위 ▷ 1块 = 10毛 = 100分
找 zhǎo 거슬러 주다 ▷ '찾다', '구하다' 라는 의미가 일반적이지만 돈을 주고받을 때는 '거슬러 주다' 라는 의미로 쓰입니다.

2 의문사 多少

· 这个多少钱? 이거 얼마예요?

· 你的电话号码是多少? 당신 전화번호는 몇 번입니까?

· 他们学校有多少(个)留学生？ 그들 학교엔 유학생이 얼마나 됩니까?

· 你家有多少(本)书？ 당신 집에는 책이 얼마나 있습니까?

1   정답 B

A : 葡萄和苹果多小钱？ 포도랑 사과는 얼마예요?

B : 葡萄五块八两斤, 苹果两块五一斤。
포도는 두 근에 5.8원이고, 사과는 한 근에 2.5원입니다.

Q : 哪个水果便宜？ 어느 과일이 쌉니까?

2   정답 C

A : 他有几个孩子？ 그는 아이가 몇입니까?

B : 他有一个儿子和两个女儿。 그는 아들 1명, 딸 2명이 있습니다.

Q : 他一共有几个孩子？ 그는 모두 몇 명의 아이들이 있습니까?

3   정답 C

A : 你们班有多少(个)学生？ 너희 반 학생은 몇 명입니까?

B : 我们班有四个女学生和三个男学生。 우리 반은 여학생 4명, 남학생 3명이에요.

Q : 他们班有多少个学生？ 그들 반 학생은 모두 몇 명입니까?

1 (1) 355.80 三百五十五块八 sānbǎi wǔshí wǔ kuài bā

   (2) 208.02 二百零八块零二分 èrbǎi líng bā kuài líng èr fēn

   (3) 0.02元 两分 liǎng fēn

(4) 2.22元　两块两毛二 *liǎng kuài liǎng máo èr*

2 (1) A : 甜瓜怎么卖?　　　　(2) A : 你有多少钱?

　　 B : 甜瓜三块一斤。　　　　 B : 我有两百块钱。

Exercise 어법

156 page

1 (1) 多少　　(2) 多少 (3) 几，几　(4) 多少　　(5) 几

2 (1) 정답 B

我们公司有二十五个职员。우리 회사는 직원이 25명 있습니다.

(2) 정답 A

他的电话号码是多少? 그의 전화번호가 몇 번이에요?

(3) 정답 D

我找您七块钱。7원 거슬러 드릴게요.

Exercise 쓰기

157 page

1 这个怎么卖?

2 香蕉三块五一斤。

3 我给你一百块钱。

4 我找您五十块钱。

5 草莓多少钱一斤?

PART  **14**

今天天气怎么样?

오늘 날씨 어때요?

학습목표
1 명사술어문
2 날씨 용어 익히기

기본회화 160 page

01

A : 今天天气怎么样? 오늘 날씨는 어때요?

B : 今天晴天。 오늘 날씨는 맑아요.

02

A : 今天星期六吧? 오늘이 토요일이죠?

B : 对，今天星期六。 네. 오늘은 토요일이에요.

명사술어문을 배우기 위한 문장입니다. 예) 今天星期六。

03

A : 你想去哪儿? 어디에 가고 싶어요?

B : 我想去中国。 중국에 가고 싶어요.

상황회화 161 page

李珉   李娜，起来! 起来! 이나야. 일어나! 일어나!

         '起来'는 '起床chuáng'과 바꿔 쓸 수 있습니다.

54

李娜	哥，几点了？ 오빠, 몇 시야?

'了'는 과거형이 아닌 새로운 상황의 발생을 나타냅니다.

李珉	九点了。 9시야.
李娜	今天天气怎么样？ 오늘 날씨 어때?
李珉	今天天气不太好，外边下雨。 별로야. 밖에 비가 와.
李娜	是吗？我想睡懒觉。 그래? 나 늦잠 자야지.

'睡觉'는 이합동사입니다. 이합동사란 '동사부분＋목적어부분'으로 이루어진 2음절 동사를 말합니다. 예) 睡午觉. 낮잠을 자다.

李珉	不行，不行，快起来! 안 돼. 빨리 일어나!
李娜	今天星期天嘛。 오늘 일요일이잖아.

'嘛'는 '이치, 사실, 도리' 등이 명백함을 나타냅니다.

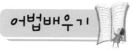 어법배우기

162 page

1 명사술어문

· 周老师中国人。 저우 선생님은 중국인이십니다.
· 今天三月三号。 오늘은 3월 3일입니다.
· 明天星期五。 내일은 금요일입니다.
· 今天晴天。 오늘은 맑습니다.

▷명사술어문에 동사 '是'를 쓰면 동사술어문으로 바뀝니다.

부정형

· 周老师不是中国人。 저우 선생님은 중국 사람이 아닙니다.
· 明天不是星期五。 내일은 금요일이 아닙니다.
· 今天不是晴天。 오늘은 맑지 않습니다.

부사어

· 今天已经四月三号了。 오늘이 벌써 4월 3일입니다.
· 明天才星期一。 내일이 겨우 월요일입니다.

▷부사어 '已经'은 주로 문장 끝에 변화를 의미하는 '了'를 동반합니다.

2 조동사 想

동사

· 你想不想我? 내가 보고싶었어요?

· 我很想家。 정말 집이 그리워요.

조동사

· 我想去中国。 나는 중국에 가려고 합니다.

· 你想吃什么? 당신은 뭘 먹을 거예요?

 Exercise 듣기

164 page

1 정답 B

A: 昨天四月十号。 어제는 4월 10일이었습니다.

B: 明天四月十二号。 내일은 4월 12일입니다.

Q: 今天几月几号? 오늘은 몇 월 며칠입니까?

2 정답 D

A: 外边刮风还是下雨? 밖에 바람이 불어요, 비가 와요?

B: 外边下雨。 밖에 비가 와요.

Q: 现在天气怎么样? 지금 날씨는 어떻습니까?

3 정답 A

A: 你想去中国还是去日本? 당신은 중국을 갈 건가요, 일본에 갈 건가요?

B: 我想去日本。 일본에 가려고 합니다.

Q: 男的想去哪国? 남자는 어느 나라에 가려고 합니까?

Exercise 말하기

165 page

1 (1) 他爸爸不是德国人。 그의 아빠는 독일인이 아닙니다.

(2) 前天不是三月三号。 그저께는 3월 3일이 아니었습니다.

(3) 明天不是星期五。 내일은 금요일이 아닙니다.

(4) 今天不是阴天。 오늘은 날이 흐리지 않습니다.

▷ 그저께　　어제　　　오늘　　　내일　　　모래
　　前天　　　昨天　　　今天　　　明天　　　后天

2 (1) A: 今天天气怎么样？　　B: 今天打雷。

(2) A: 今天天气怎么样？　　B: 今天下雪。

Exercise 어법
166 page

1 (1) 明天才星期四。

(2) 今天已经六月一号了。

(3) 我今年已经二十三岁了。

2 (1) 정답 D

今天不是星期五。 오늘은 금요일이 아닙니다.

(2) 정답 C

他三月七号去中国。 그는 3월 7일 중국에 갑니다.

(3) 정답 B

星期天你去哪儿？ 일요일에 당신은 어디에 갑니까?

Exercise 쓰기
167 page

1 今天刮风了。

2 后天星期六。

3 下(个)星期一几月几号？

4 今天天气怎么样？

5 明天才六月五号。

PART **15**

你今年多大?

올해 나이가 어떻게 되세요?

학습목표

1 나이 묻기
2 12가지 띠 묻기

기본회화 172 page

01

A : 她今年多大? 그녀는 올해 몇 살이에요?

B : 她今年二十一岁。 그녀는 올해 21살입니다.

02

A : 我今年二十六岁，你呢? 나는 올해 26인데, 당신은요?

B : 我比你大两岁。 저는 당신보다 2살 많아요.

03

A : 你属什么? 무슨 띠예요?

B : 我属龙。 용 띠입니다.

단어설명

多 duō 얼마나 ▷ 주로 형용사와 결합해 '정도'를 물을 때 씁니다.

金小英	小李，你坐几路公共汽车？ Mr. 리! 몇 번 버스 타세요?
李珉	我坐21路，你呢？ 21번이요. 소영 씨는요?
金小英	我坐38路。你今年多大？ 전 38번 타요. 올해 나이가 어떻게 되세요?
李珉	我今年28岁。 28입니다.
金小英	是吗？明天我们俩一起吃晚饭，怎么样？
	그래요? 내일 우리 둘이 저녁 먹는 거 어때요?
	'俩'는 '两个'와 같은 표현입니다. 단, '俩'을 쓰면 더 구어체적인 표현이 됩니다.
李珉	好啊。你请客？ 좋아요. 소영 씨가 쏘는 거죠?
金小英	行，没问题。 네. 물론이죠.
李珉	你看！38路来了。 38번 버스 오네요.
金小英	那我们明天见！ 내일 봐요!
李珉	再见！ 안녕히 가세요!

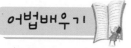

1 나이 묻기

· A : 小朋友你几岁(了)？ 꼬마야 몇 살이니?

  B : 我五岁(了)。 5살이에요.

· A : 她今年多大(了)？ 그녀는 올해 몇 살이니?

  B : 她今年二十周岁(了)。 그녀는 올해 만 20살이에요.

  ▷ '周岁'는 우리나라의 만 나이를 의미합니다.

· A : 王老师，您多大年纪(了)？ 왕 선생님, 연세가 어떻게 되세요?

  B : 我五十七(了)。 쉰일곱이라우.

· A : 你爷爷今年多大岁数(了)？ 너희 할아버지는 올해 연세가 어떻게 되시죠?

  B : 他今年七十(了)。 할아버지는 올해 고희시랍니다.

59

띠 묻기

· A: 你属什么? 무슨 띠예요?

  B: 我属猪。 돼지 띠예요.

· A: 你是属什么的? 무슨 띠예요?

  B: 我是属马的。 말 띠예요.

▷ 학생들에게 띠를 묻고 대답하도록 합니다.

2 比비교문

· 今天比昨天热。 오늘은 어제보다 덥습니다.

· 这个比那个好看。 이게 저것보다 예쁩니다.

· 苹果比梨更好吃。 사과가 배보다 훨씬 맛있습니다.

나이 비교

· 我比你大两岁。 내가 당신보다 2살 많습니다.

· 他比我小四岁。 그는 나보다 4살 어립니다.

Exercise 듣기

177 page

1 정답 C

  A: 小朋友, 你几岁了? 꼬마야, 몇 살이니?

  B: 我七岁了。 7살이에요.

2 정답 D

  A: 现在九点30分。 지금은 9시 30분입니다.

  B: 现在九点半。 지금은 9시 반입니다.

  Q: 现在几点? 지금은 몇 시입니까?

3 정답 B

  A: 我今年二十七岁, 属猪的。 나는 올해 27살이고, 돼지띠 입니다.

B : 我比你大两岁。 나는 당신보다 2살 많습니다.

Q : 男的是属什么的？ 남자는 무슨 띠입니까?

178 page

1 (1) 我比我哥哥小三岁。　or　我哥哥比我大三岁。

(2) 李珉比李娜大七岁。　or　李娜比李珉小七岁。

2 (1) A : 你爸爸几点上班？　B : 我爸爸七点半上班。

(2) A : 小朋友，现在几点？　B : 现在差五分四点。

179 page

1 (1) 两　　(2) 两　　　(3) 二

2 (1) 정답 B

我爸爸七点吃早饭。 아빠는 7시에 아침을 드십니다.

(2) 정답 C

他的儿子今年四周岁。 그의 아들은 올해 만 4살입니다.

(3) 정답 D

现在不是差五分两点。 지금은 2시 5분 전이 아닙니다.

1 现在几点了？

2 金老师今年多大(了)？

3 我是属龙的。

4 现在差五分两点。现在两点差五分。

5 你什么时候下班？

PART 16

我坐飞机去北京。
나는 비행기를 타고 베이징에 갑니다.

학습목표

1 연동문
2 '什么时候' 과 '几点'

기본회화 182 page

01

A : 你坐什么去北京? 베이징에 뭐 타고 가세요?

B : 我坐飞机去北京。 비행기 타고 갑니다.

02

A : 你去上海做什么? 상하이에 뭐 하러 가죠?

B : 我去上海旅行。 여행가요.

03

A : 你什么时候去北京? 언제 베이징에 가세요?

B : 我明天去北京。 내일 갑니다.

단어설명

旅行 lǚxíng 여행(하다) ▷ 같은 뜻으로 '旅游 lǚyóu' 도 있습니다.

坐 zuò (탈 것에) 타다 ▷ 교통수단을 이용할 때 쓰는 동사입니다.

예) 坐公共汽车 zuò gōnggòng qìchē 버스를 타다 / 坐火车 zuò huǒchē 기차를 타다

车 chē 차 ▷ 车는 '汽车 qìchē' 의 줄임말입니다.

东东	你什么时候去北京？ 베이징에 언제 가?
李娜	我明天下午去北京。 내일 오후에 베이징에 가.
东东	你去北京做什么？ 베이징에 뭐 하러 가는데?
李娜	我去北京旅行。 여행하러 가는 거야.
东东	你坐什么去？ 뭐 타고 가는데?
李娜	我坐飞机去。 비행기 타고 가지.
东东	我也想去旅行。 나도 여행가고 싶다.
李娜	那你也去吧。 그럼 너도 가자.
东东	不行，我得去打工。 안 돼. 아르바이트 가야 해.

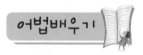

어법배우기

184 page

1 연동문

▷ 연동문에서는 동사1, 동사2가 각각 다른 역할을 합니다. 문장 내에서 어떤 용법으로 쓰였는지, 해석할 때는 어떤 식으로 하는 지를 수강생 스스로가 파악하도록 합니다. 그리고 중국어는 과정을 중시하는 언어임을 강조합니다.

· 我去看。 난 보러 갑니다.

▷ 동사1, 동사2가 연이어 나오면 두 번째 동사는 첫 번째 동사의 목적을 나타냅니다. 즉, 이 문장에서는 '去'의 목적이 '看'이니, 해석을 하면, '보러 간다'가 됩니다.

· 我去看电影。 난 영화 보러 갑니다.

· 他坐车去。 그는 차를 타고 갑니다.

▷ 연동문에 '坐'나 '用' 동사가 나오면 수단이나, 방식을 나타냅니다.

· 我去吃饭。 나는 밥을 먹으러 갑니다.

· 我去海南旅行。 나는 하이난(해남)으로 여행갑니다.

· 我去北京看朋友。 난 친구 만나러 베이징에 갑니다. (난 베이징으로 친구를 만나러 갑니다.)

· 他去图书馆找他妹妹。 그는 여동생을 찾으러 도서관에 갑니다.

· 我骑自行车去我朋友那儿。 난 자전거를 타고 친구에게 갑니다.

· 他们用英语聊天儿。 그들은 영어로 수다를 떱니다.

· 韩老师也坐飞机去北京。 한 선생님도 비행기를 타고 베이징에 갑니다.

· 他想去香港旅行。 그는 홍콩으로 여행을 가고 싶어합니다.

· 明天我坐飞机去日本。 내일 나는 비행기로 일본에 갑니다.

▷ 시간사의 위치에 따라 강조되는 것이 달라집니다. 시간사는 주어 뒤에 놓을 수도 있습니다.

2 什么时候 / 几点

· A : 你什么时候去中国? 당신은 언제 중국에 갑니까?

B : 我三号去中国。 나는 3일에 중국에 갑니다.

· A : 金小英几点来这儿? 김소영 씨는 몇 시에 여기에 옵니까?

B : 她晚上九点来这儿。 그녀는 저녁 9시에 옵니다.

· A : 周老师几点有课? 저우 선생님은 몇 시에 수업이 있습니까?

B : 周老师下午两点有课。 저우 선생님은 오후 2시에 수업이 있습니다.

Exercise 듣기

186 page

1 정답 B

A : 她坐飞机去中国吗? 그녀는 비행기를 타고 중국에 갑니까?

B : 不，她坐船去中国。
아니요. 그녀는 배를 타고 갑니다.

Q : 她坐什么去中国? 그녀는 무엇을 타고 중국에 갑니까?

2 정답 C

A : 你妹妹去看电影了吗? 여동생은 영화 보러 갔습니까?

B : 没有，她在家吃饭呢。 아니요. 집에서 밥 먹고 있어요.

Q : 女的妹妹现在在哪儿? 여자의 여동생은 지금 어디에 있습니까?

3 정답 A

A : 你去北京工作吗? 베이징에 일하러 가는 거예요?

B : 我去北京旅行。 베이징에 여행하러 가요.

Q : 男的去北京做什么? 남자는 베이징에 뭐 하러 갑니까?

 Exercise 말하기

187 page

1 (1) 我去看电影。

(2) 她坐火车去上海做什么?

(3) 我骑车去我朋友那儿。

(4) 他也坐飞机去北京。

2 (1) A : 你坐什么车去公司? B : 他坐地铁去公司。

(2) A : 你跟朋友用什么语言聊天? B : 我跟朋友用汉语聊天。

 Exercise 어법

188 page

1 (1) 什么时候 (2) 几点 (3) 几点

2 (1) 정답 B

他坐飞机去北京旅行。 그는 비행기를 타고 베이징으로 여행갑니다.

(2) 정답 B

韩老师去吃饭。 한 선생님은 식사하러 가십니다.

(3) 정답 D

你去那儿做什么? 당신은 거기에 가서 무엇을 할 겁니까? (당신은 뭐 하러 거기 가십니까?)

1 她弟弟每天去公园玩儿。

2 你爸爸坐地铁去上班吗?

3 金小英坐什么车来这儿?

4 他们用法语聊天儿。

5 我弟弟想坐船去上海旅行。

6 我骑自行车去学校。